不唠叨不打骂教孩子

教孩子

家庭趣味教子

周婷 编著 刘晶 绘

江西教育出版社
JIANGXI EDUCATION PUBLISHING HOUSE

图书在版编目（ＣＩＰ）数据

家庭趣味教子. 不唠叨不打骂教孩子 / 周婷编著；
刘晶绘. -- 南昌：江西教育出版社, 2019.5
ISBN 978-7-5705-0498-5

Ⅰ. ①家… Ⅱ. ①周… ②刘… Ⅲ. ①家庭教育
Ⅳ. ①G78

中国版本图书馆 CIP 数据核字(2018)第 201106 号

家庭趣味教子

不唠叨不打骂教孩子

BU LAODAO BU DAMA JIAO HAIZI

周婷 编著 **刘晶** 绘

江西教育出版社出版

（南昌市抚河北路 291 号 邮编：330008）

各地新华书店经销

江西新华九江印刷有限公司印刷

720 毫米×1000 毫米 16 开本 10 印张 字数 150 千

2019 年 5 月第 1 版 2019 年 5 月第 1 次印刷

ISBN 978-7-5705-0498-5

定价：25.00 元

赣教版图书如有印装质量问题，请向我社调换 电话：0791-86710427
投稿邮箱：JXJYCBS@163.com 电话：0791-86705643
网址：http://www.jxeph.com

赣版权登字-02-2019-086

　　教育可谓是家庭生活中重要的问题，很多爸爸妈妈为了教出优秀的孩子，免不了劳心耗神，想尽了千方百计。可是孩子成长的情况却很难尽如人意，不听话、顶撞、叛逆的情况比比皆是，这不免让爸爸妈妈烦恼不已。

　　之所以会出现这样的问题，主要还是因为爸爸妈妈没有找到正确的教育方式。一般在传统观念的影响下，爸爸妈妈会将"棍棒出孝子"之类的老话奉为真理，于是遇到孩子"不成器"的时候就毫不犹豫地连打带骂，孩子的身心不断受到伤害，亲子关系更是降到了冰点；另外还有一些爸爸妈妈虽然注意到了打骂的危害，也能够尽量避免对孩子进行体罚和言语攻击，但又会染上爱唠叨的毛病，对孩子管得太死、管得太多，使孩子完全丧失了自由的空间，这必然会出现新的问题。

　　由此可见，打骂、唠叨都不是教育孩子的有效方式，也不利于孩子的健康成长。在日常生活中，爸爸妈妈完全可以采取更加理性、更加科学的方法来循循善诱，教育、引导孩子，用智慧和关爱推动孩子健康快乐的成长。而本书就是这样一本教育孩子的方法合集。这本图书对现实生活中常见的各种教育现象、问题进行了深入的思考，并结合孩子自身的心理特点，重点择取了他们成长过程中常会遇到的 81 种现象和问题，从细节入手，深入浅出地进行了教育方法的解析。通过阅读本书，爸爸妈妈将会认识到打骂、

唠叨对孩子成长的危害，并能够学会如何科学地批评、教育孩子，如何在教育孩子时控制好自己的情绪，如何用言语带给孩子自信和力量，如何与孩子开展有效的双向沟通，如何有技巧地破解一些教育方面的难题，等等。

本书中介绍的方法虽然看似各不相同，但其实都秉承了一个共同的原则，那就是教育孩子不能依靠打骂、唠叨的手段，而是应当学会用合理的教育方式来想办法激发孩子的内动力，让他（她）受到良好的影响，并学会自我成长。

本书为了增加阅读的趣味性和实用性，采用了别具一格的"漫画＋心得"的编写形式，每节开头生动有趣、贴合生活实际的四格漫画能够引发爸爸妈妈对教育方法的反思，而"育儿心得"部分则广泛吸纳了教育名家的真知灼见，力求让爸爸妈妈在阅读后都能有所收获。

随着时代的进步，爸爸妈妈教育孩子的观念也需要不断转变，希望阅读本书能够为爸爸妈妈提供一个改变的契机，让爸爸妈妈学着更加科学、合理地教育自己的孩子，进而引导孩子走向成功！

第一章
Chapter 1

打骂是害不是爱

- 一入家门深似海
- 补习班，想说爱你不容易
- 写作业"拉锯战"
- 打出的天才 or 蠢材
- "别人家"的孩子最讨厌了
- 打骂还不是为了你好
- 还能不能愉快地吃饭了
- 我也会出口成"脏"
- 你真没出息
- 说谎，还是不说谎？这是个问题

一入家门深似海

家，在孩子心中，本来应该成为一个温暖的港湾、一个心灵的寄托，可是在现实中，却有不少孩子对家产生了恐惧，他们害怕回家，觉得在家的时候缺少快乐。之所以会出现这样的问题，主要是因为爸爸妈妈没有采取正确的教育方式。要么打骂、批评，伤害了孩子的自尊心；要么严格管束，使孩子失去了起码的自由；要么不停地责备，让孩子感觉心情烦躁，恨不能立刻离开让他们讨厌的家。

就这样，原本幸福甜蜜的家在不知不觉中变成了孩子眼中的"集中营""牢狱"，让他们有"一入家门深似海"的无奈感受。对于这种情况，爸爸妈妈应当主动反省，并及时改变自己的教育方式，让家能够真正成为孩子健康成长的乐园。

1

尊重孩子的独立人格。有的爸爸妈妈总觉得孩子是自己的附属物，因而在与孩子相处的时候，很少会去考虑孩子的心情，更谈不上尊重孩子的意愿、维护孩子的自尊心，这样会让亲子关系受到严重损害，让孩子对家充满排斥。对此，爸爸妈妈应当学会尊重孩子的人格，把孩子当成一个独立的个体，从平等的角度出发与孩子商讨问题，并且要经常鼓励孩子说出自己的想法。同时，对于孩子的一些好的想法，爸爸妈妈要给予充分的肯定；在与孩子的意见相左时，爸爸妈妈要学会"说服"而不是"压服"。

2

注意与孩子的沟通方式。爸爸妈妈在与孩子沟通时，不要总是使用高高在上、颐指气使的命令态度，这样只会让孩子产生反感。正确的做法是爸爸妈妈态度亲切、平和，表现出足够的耐心和宽容，让孩子能够放下心防，也愿意尽情倾诉心中的烦恼。另外，爸爸妈妈还要注意不能动不动就粗暴地训斥孩子，哪怕是在孩子做错事的时候，也要注意用"动之以情，晓之以理"代替没有意义的打骂、唠叨。

3

改善紧张的家庭氛围。家是孩子成长的第一所学校，家庭氛围健康与否对孩子的成长至关重要，而要改善紧张的家庭氛围，就需要爸爸妈妈以身作则，停止对孩子的打骂、斥责，给孩子一些关心和呵护。另外，爸爸妈妈彼此之间相亲相爱、互相理解，也会让家庭变得更加和睦、温馨，能够让孩子受到很多有益的感染。此外，爸爸妈妈还要学会用理智、冷静的态度化解各种家庭矛盾，避免冲突激化，这也能让孩子在耳濡目染中得到熏陶，对他们形成健康的性格和正确处理人际关系等都很有帮助。

补习班，想说爱你不容易

现在很多爸爸妈妈都会选择让孩子去上补习班，补习班可以成为在校学习的一种补充，能够帮助孩子巩固学到的知识，有助于提高学习成绩。不过，爸爸妈妈也应该认识到，补习班并不是百试百灵的神药，而且是否需要上补习班也应当考虑孩子个人的意愿。否则一味用打骂的手段强迫孩子上补习班，结果只会适得其反。

在对待孩子上补习班的问题上，爸爸妈妈应该注意做以下几点：

1

改变"跟风报班"的做法。不少爸爸妈妈要求孩子去上补习班，并不是因为觉得孩子有必要进行加强训练，而只是因为看见周围的家长都在这样做，所以爸爸妈妈也会跟风报班，生怕孩子落后于人。可是孩子是否真正需要这方面的补习，爸爸妈妈却没有进行认真的思考。在这种情况下，补习班能够带给孩子多少帮助就可想而知了。

2

不要用高压手段逼迫孩子上补习班。爸爸妈妈为孩子报名参加补习，首先应当考虑孩子的意愿。如果孩子明确地表示不想上补习班，爸爸妈妈就不应该用打骂、训斥等手段强迫孩子，否则容易激发孩子的逆反心理，严重时可能让孩子变得厌学，造成成绩下滑。不仅如此，高压手段还会让孩子感觉压抑、郁闷，这种情绪长期得不到缓解，就会影响孩子的心理健康。

3

根据孩子的兴趣爱好选择补习班。补习班到底该不该上？这个问题还是应当遵从孩子的兴趣。比如孩子平时对学习英语口语很有兴趣，那么爸爸妈妈就可以在征求孩子的意见后，选择相关的辅导班报名。由于学习的内容与孩子的兴趣相吻合，孩子就不会对补习班产生抵触情绪，而且在学习时主动性也会加强，学习效果会更好。

4

选择正规、可靠的补习班。由于社会上的补习机构五花八门，教学人员的构成也比较复杂，有的非正规机构的教学质量并不合格，爸爸妈妈在选择时要注意甄别，以免花费了时间、金钱，却只是在做无用功。因此，爸爸妈妈最好多比较一下各种补习班的资质、口碑，如果条件允许的话，爸爸妈妈还可以陪同孩子试听一节课，实地感受一下补习老师的教学方法和孩子的反应。

另外需要提醒的是，爸爸妈妈在为孩子报班时还要考虑到孩子的年龄阶段、接受能力等因素，并且要注意不能进行填鸭式的教育，即一股脑儿给孩子报很多班，让孩子感觉疲于奔命，对他们的身心发展产生不利的影响。

▶ 写作业 "拉锯战"

对于许多爸爸妈妈来说，督促孩子写作业是一件让人头疼的事情。有时在爸爸妈妈连打带骂的监督之下，孩子会乖乖地写一会儿作业。可爸爸妈妈一离开，他们就会开小差，写作业拖拖拉拉、磨磨蹭蹭，让爸爸妈妈气愤不已。于是，一场关于写作业的拉锯战，就这样每天重复上演，不但让爸爸妈妈感觉非常疲惫，还让孩子的学习积极性变得越来越差。

鉴于此，我们有必要先来分析一下孩子不爱写作业的原因，并找到对策让孩子能够自动自觉地写作业，而不用总是依靠爸爸妈妈的监督。

1

解决孩子在学习时遇到的困难。有的时候孩子不喜欢做作业,可能是由于学习方面遇到了困难,比如上课没有认真听讲导致知识未能完全掌握,在写作业的时候自然会有难以入手之感。可是爸爸妈妈却不明所以,只知道打骂、唠叨逼迫孩子去写作业,效果可想而知。为此,爸爸妈妈平时应当注意了解孩子的学习情况,可以多与老师沟通,并教育孩子上课应集中精力听讲。对于孩子没能彻底掌握的知识点,爸爸妈妈还可以适当进行辅导,以降低孩子写作业的难度。

2

教给孩子一些高效写作业的方法。孩子写作业效率低下,也有可能是没

有掌握科学的方法。爸爸妈妈可以留心观察他们写作业时的各种表现，然后对症下"药"，帮助他们提升效率。比如爸爸妈妈可以教孩子学会有条理地做作业，一个科目完成后再开始下一个科目，这样思维就不会被轻易打乱。另外，做作业的时候还要学会认真审题，确定好解题的思路、方法、步骤后再动笔，就能够产生事半功倍的效果。

3

减少外界因素的干扰。如果孩子在写作业时，身处的环境比较嘈杂，也会对他们造成不良影响。特别是低年级的孩子专注力较低，在写作业时很容易受到外界干扰。因此，爸爸妈妈要注意为孩子安排比较安静的学习环境，在孩子写作业的时候，尽量不要在附近大声说话或看电视、听音乐，也不要对孩子指手画脚或不时催促，以免打断孩子的思路。

4

给孩子灌输一些正确的学习观念。学习态度不端正也会让孩子讨厌写作业，这时爸爸妈妈与其用打骂、训斥的方法逼迫他们，还不如给他们灌输正确的学习观念，鼓励他们主动学习。比如爸爸妈妈可以告诉孩子学习不是为别人学，而是为自己学。老师传授他们知识，也是为了让他们更好地武装自己，充实自己，以后才能够成长为有能力的人。这样长此以往，孩子就会改变态度，能够主动地去写作业了。

打出的天才 or 蠢材 ◀

中国有句古话，叫作"不打不成材"，这个观点被不少爸爸妈妈所认同。为了能够使自己的孩子更加优秀，爸爸妈妈就会在孩子成绩不佳时肆意打骂。虽然这种做法出发点是为了孩子好，但是结果却会适得其反。国外有科学研究显示，长期体罚、语言暴力会对孩子的大脑造成永久性的损伤，可能导致大脑前额叶中灰质减少，从而引起智力降低、认知迟缓、感觉迟钝以及语言、记忆发展缓慢，而也这是孩子"越打越笨"的原因所在。

由此可见，想要提高孩子的学习成绩，不能依靠打骂这种粗暴的手段，而是应当寻找更加合理的方法。

1

平心静气地与孩子探讨学习问题。想要让孩子对学习产生兴趣，而不是谈学习色变，爸爸妈妈就要在家中营造一种轻松、愉快的学习氛围。在与孩子交流关于学习的事情时，爸爸妈妈一定要注意心平气和、平心静气，可以多用幽默的语言淡化学习的难度，这样才能会让孩子感到学习并不是一种负担。相反，如果爸爸妈妈经常板着面孔、用打骂来指出孩子在学习上存在的问题，就更会让他们感到学习是件可怕的事情，以至于一提学习就躲，更谈不上会有成绩的提高了。

2

别让考试成绩决定对孩子的态度。爸爸妈妈对待孩子的考试成绩要冷静、理智一些，不要表现得过于重视，以免影响孩子的心情。比如，在孩子取得高分的时候，可以适当对她进行赞扬，但不可过度，以防他们产生骄傲心理；而在孩子拿回低分的时候，也不要没完没了地唠叨、讽刺、挖苦，以免伤害他们的自尊心和自信心。

3

学会正确分析孩子的成绩。对于孩子的考试成绩，很多爸爸妈妈不会进行科学的分析，只单纯看分数，认为"这次考得好，肯定是努力了""这次没考好，肯定是不够用心"等等，一次成绩不理想就对孩子指责、打骂，给孩子的心灵造成创伤。其实，影响成绩好坏的因素有很多，比如有发挥失常的因素、有现阶段知识没有完全掌握的因素、有学习方法不正确的因素等等，爸爸妈妈应当帮助孩子找出失分的原因，并和他们一起拟定对策，而不是一味指责她不努力。

4

　　改善孩子学习上的"笨办法"。有时孩子成绩较差，并不是因为不用心，或是因为"笨"，没有掌握科学、高效的学习方法。比如他们没有掌握知识与知识之间的联系，没能形成相应的知识结构，导致考试时"张冠李戴"出现错误；再如他们不懂得合理利用时间，结果整天忙忙碌碌、加班加点学习，但实际没有掌握关键的知识点……对于这些问题，爸爸妈妈可以多跟老师沟通，了解他们在学习方法方面存在的不足，并虚心向老师求教，想办法帮助孩子掌握良好的学习方法，让他们学得更加轻松，成绩自然也会提高。

"别人家"的孩子最讨厌了

　　很多爸爸妈妈总喜欢拿别人家的孩子与自家的孩子相比，如果发现别人家的孩子在某些方面有一些长处，而自家的孩子却不具备，爸爸妈妈就会"如临大敌"，动不动就以此为理由指责甚至打骂孩子，认为这样会让孩子认识到自己的不足并取得进步。可是爸爸妈妈却不知道，孩子最讨厌听到的一个词语就是"别人家的孩子"，总被拿来与人比较，不但让孩子感觉非常痛苦，还会让他们变得容易自卑，严重时更可能激发他们的逆反心理，"破罐破摔"走向爸爸妈妈期待的反方向。

　　爸爸妈妈应该停止这种不良的教育方法，想要激励孩子进步，就必须采取更加科学合理的方式。

1

　　承认孩子的个性和优势。由于家庭背景、成长经历不同，每个孩子的认知能力、个性会有所差异。但孩子所表现出来的行为并不存在真正的优劣之分。爸爸妈妈不能因为孩子某方面有欠缺就对他们全面的否定，更不能拿着别人家孩子的优点来打击孩子，这会让孩子感觉非常沮丧，还会让他们丧失自己的个性。爸爸妈妈应当学会尊重孩子的个性，试着去接受他们的独特，并用心发现他们的优势，从而有意识地引导他们向着更加优秀的方向发展。比如孩子与别的孩子相比有些内向，爸爸妈妈不能因此就对他们打骂、斥责，而是可以尽量多开导，让他们学着敞开心扉，同时爸爸妈妈可以找到他们身上存在的一些优点加以鼓励，使他们变得更加乐观、自信、开朗。

2

让孩子通过"和自己比"获得提高。爸爸妈妈应该鼓励孩子学会"和自己比"。而不是一味地去"和别人比"。譬如可以让孩子将这次成绩和上次成绩进行比较，或是拿孩子的优点和缺点来比较。这种比较的好处是不会挫伤孩子的自尊心，孩子容易接受，而且也能够让孩子清楚地认识到自己的努力所能产生的效果。在孩子确实取得进步的时候，爸爸妈妈还可以适当地给予他们一些赞许和奖励，这样更能够让他们充满自信心和积极性，可以帮助他们获得更大的进步。

3

在肯定孩子优点的前提下向别人学习。如果"别人家的孩子"身上有些地方确实值得自己孩子学习的话，爸爸妈妈也要注意引导的方法，不能一味地贬低孩子、抬高别人，而是可以先对孩子身上好的方面给予肯定，然后和孩子一起商量需要改进的地方。只有这样，才能让孩子更容易接受并愿意主动地去学习别人的长处。

打骂还不是为了你好

在教育孩子的问题上，有的爸爸妈妈会觉得打骂孩子能够让他们更加快速、深刻地认识到自己的错误，并可以督促他们尽快改正，于是爸爸妈妈就将打骂变成了"家常便饭"，还认为这样做都是为了孩子好。

可事实上，对于孩子来说，打骂并不是爱的表现，而是一种严重的伤害，会对孩子造成各种不良影响。

1

经常打骂会影响孩子的心理健康。孩子的神经系统还未发育完善，如果经常遭到打骂，会让他们精神高度紧张，并容易产生强烈的恐惧感，对他们的心理健康发展十分不利，严重时可能会引起孩子哭闹不止、夜惊、失眠、大小便失禁等等。不仅如此，孩子还会出现情绪不稳定、脾气暴躁乃至有暴力倾向等多种问题，有的孩子还会在大脑中根深蒂固地形成"你犯错，我就要打你"的观念，对待他人时态度也会粗暴、无礼。

2

经常打骂会影响孩子的性格发展。孩子经常遭到打骂，会伤害他们的自尊心、自信心，使他们变得自卑、悲观、态度消极，而且打骂还会让他们丧失独立的人格，很多时候为了避免挨打，他们可能不会去思考爸爸妈妈的要求是否合理，所说所做是否正确，只会一味盲从，久而久之，他们就会变成性格懦弱、缺乏主见的人。

3

经常打骂会影响孩子处理人际关系的能力。亲子关系是人生中需要处理的第一种人际关系，会对孩子一生的身心健康产生重大影响。爸爸妈妈如果经常打骂孩子，就会让亲子关系变得紧张，孩子会从感情上与爸爸妈妈疏远，日后更可能发展为仇恨父母。而当孩子走出家庭，与同学、朋友建立新的人际关系时，他们往往也会遇到很多困难，因为他们已经无法习惯平等、亲密地与他人相处。

4

经常打骂会引发孩子的逆反心理。孩子逐渐成长，自我意识慢慢苏醒，当爸爸妈妈用打骂等手段试图将自己的意愿强加给他们的时候，他们就会产生对立情绪。爸爸妈妈让他们怎么做，他们往往会阳奉阴违甚至故意对抗，表现出与爸爸妈妈期待的方向相反的态度和言行，甚至还会做出一些极端行为。为了避免出现这类情况，爸爸妈妈应当停止打骂，并及时对孩子进行正确的引导，以免出现更加严重的后果。

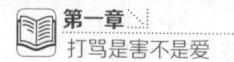

还能不能愉快地吃饭了

　　很多中国家长喜欢在餐桌上训斥孩子，这种不合理的教育方式有许多害处。比如，在吃饭时打骂孩子，会让孩子的情绪受到压抑，并会影响到他们的食欲，严重时还可能引发厌食症，让孩子对吃饭这件事很排斥。

　　不仅如此，吃饭时训斥孩子还会让他们心情低落，为了避免继续被责骂，他们便会不由自主地加快吃饭速度，狼吞虎咽，使食物得不到充分咀嚼，严重影响消化吸收。如果爸爸妈妈此时仍不知道收敛，将孩子骂哭，那么他们更有

天天惹麻烦，学习成绩也不好！

②

好烦啊，还能不能愉快地吃饭了？

③

听说你又跟同学吵架了？怎么总是惹事！

是他们先说我的……

①

说你两句还甩脸子，看我不揍你！

我看该打！成天说也记不住！

④

可能在边哭泣边吞咽的时候出现被食物卡住的危险。

由此可见，爸爸妈妈不应当在吃饭的时候训斥孩子。为了让孩子能够在轻松愉快的氛围下吃饭，爸爸妈妈可以从以下几点做起：

1

在吃完饭后再批评孩子。爸爸妈妈应当始终牢记一点：吃饭时不适宜教育孩子。平时在吃饭时，哪怕已经发现孩子犯了错误，也不应当迫不及待地责备或打骂他们，可以等到吃完饭后，让孩子休息一会儿，在心情平静的情况下，心平气和地指出孩子的错误，要求改正。

2

注意餐桌谈话内容。除了不要在吃饭时批评孩子外，爸爸妈妈还要注意餐桌上的谈话内容。在不影响正常吃饭的情况下，爸爸妈妈可以和孩子聊一些开心快乐的事情，或分享一些正面、积极的话题，也可以顺便了解一下孩子最近的感受。这类对话应尽量轻松、幽默一些，不要总是以说教的形式进行。

3

不要总是催促孩子快吃。有的爸爸妈妈看到孩子吃饭速度较慢，就急躁地催促他们，可是孩子的消化系统还未发育完善，确实需要通过细嚼慢咽才能充分消化和吸收食物中的营养成分，所以爸爸妈妈应当耐心一些，不要过分催促孩子。如果发现他们吃饭速度过快，还应当及时提醒，让他们放慢速度、细嚼慢咽。

4

帮助孩子养成专心吃饭的好习惯。吃饭时心不在焉，会影响胃肠道血液供给以及消化系统消化液的分泌，进而会造成食欲不佳、消化不良。因此，爸爸妈

妈应以身作则，帮助孩子养成专心吃饭的习惯。比如爸爸妈妈在吃饭时不要玩手机或看电视，尽量排除外界的干扰，专注于眼前的饭菜。这样孩子也会学着爸爸妈妈的样子，集中精力认真吃饭。

我也会出口成"脏"

孩子出口成"脏"，让爸爸妈妈在心理和情感上难以接受。可是爸爸妈妈却没有想到，孩子之所以会染上说脏话的毛病，与平时爸爸妈妈不注意教育方式，动辄打骂、脏话连篇有很大的关系。

孩子的语言能力是逐步提升的，也会受到周围环境的影响，特别是爸爸妈妈的语言对他们的影响尤为显著。爸爸妈妈经常对孩子骂脏话，孩子就有可能进行模仿，还会把说脏话当成是一种发泄情绪的手段，动不动就像爸爸妈妈那样发脾气骂人。

为了不让孩子说脏话，爸爸妈妈应当从自身做起，注意做好以下几点：

1

为孩子创造优良的语言环境。现在的孩子身处信息时代，有更多的机会接触来自方方面面的信息，所以爸爸妈妈想要彻底净化孩子的语言环境也不现实。但最起码在家庭这个小环境当中，爸爸妈妈要从自己开始杜绝出现脏话。为此，爸爸妈妈应当有意识地控制自己说脏话的行为，在教育孩子时一定要讲究文明用语。同时，也不能忽略一些隐性的脏话，如"丢人""废物""猪脑子，就知道吃""只要是人，都比你强"等攻击性、伤害性强的语言，这些也应当在杜绝范畴之内。此外，爸爸妈妈还要与家中其他爱骂脏话的长辈做好沟通，争取全家合力营造一种干净健康的语言环境，让孩子能够得到有益的熏陶。

2

明确向孩子表示不认同说脏话的行为。在孩子开始说脏话的时候，爸爸妈妈一定要给予应有的重视，并及时教育，以免孩子养成了说脏话的坏习惯。对此，爸爸妈妈要郑重地告诉孩子，脏话既不好听也不文明，所有人都不喜欢听，爱说脏话的人还会遭到大家的轻视。所以孩子如果想要表达自己的意愿，即使是发泄自己的情绪，也不能使用脏话，而是应当使用文明的话语，符合人的道德、素质、修养的基本要求。

3

及时转移孩子对脏话的注意力。爸爸妈妈如果不慎在孩子面前说了脏话，并发现孩子有模仿的现象，就应当马上采取行动，转移孩子的注意力。比如可以给孩子讲个有趣的故事，教他们唱一首好听的儿歌，或者和他们一起玩一个亲子游戏等。在此基础上，爸爸妈妈再进行一些有益的引导，就能够让他们淡忘脏话。

你真没出息

　　"你真没出息"是不少爸爸妈妈在训斥孩子时爱说的一句话,在孩子表现不如人意的时候,在孩子出现了某些错误的时候,爸爸妈妈常常会板着面孔,狠狠地骂上一句"没出息"。可是这样做就能让孩子变得"有出息"吗?答案当然是否定的。

　　在心理学上有一种"自证预言(self-fulfilling prophecy)"效应,说的是人会不自觉地按照预想的方向来行事,最终使得"预言"发生。而爸爸妈妈经常打骂孩子,反反复复地骂他们"没出息",无形中也是在不停地对孩子做着消极的暗示。他们会在大脑中形成固定的认知,觉得自己确实"很差劲""很没用",无论怎样努力最终的结果都会是"没出息",于是孩子就会陷入"自证预言"的陷阱,并最终真的成为自卑、怯懦、庸碌的人。

　　由此可见,如果爸爸妈妈真心疼爱自己的孩子,希望他们能够健康成长,就应当采取赏识和爱的教育方式,不要再用"没出息"来辱骂他们。

1

　　停止羞辱孩子的行为。孩子在意识尚未成熟之前,对自我的认识多来自外界的评价,他们尤其渴望得到爸爸妈妈及教师的肯定,这也是让他们变得自信的动力之一。因此,当爸爸妈妈和孩子说话时,要表现出充足的尊重和信任,而不是动不动贬低、羞辱孩子。否则就会伤害孩子的自尊,对他们的心灵更会造成长久的伤害。会让他们自我认知不清,自我评价过低,甚至过度压抑自己,情绪变得冲动或压抑,很难学会平和的表达。凡此种种都会影响着孩子成为人格、心理健全的人,对此,爸爸妈妈应当给予足够的重视,并约束自己的行为,不要再随意伤害自己的孩子。

2

　　多给孩子一些积极的心理暗示。孩子是很敏感的,他们非常善于捕捉爸爸妈妈话语里暗示的内容,并有可能按照暗示的方向成长。所以与其用一些羞辱性的"预言"一次次打击他们，还不如给他们一些积极的心理暗示，比如经常对孩子说"你是独一无二的""你能做到更好"等等，这些积极的话语能够让孩子增加力量、勇气、信心，他们会不知不觉地调整自己的行为，使结果更加完善，以匹配爸爸妈妈对他们的期望，由此会不断进步和发展。此时爸爸妈妈再及时给予他们一些赞赏、肯定的暗示，就更能让他们体会到成功的愉悦，促使他们成为更加优秀的人。

说谎，还是不说谎？这是个问题

儿童心理学研究发现，几乎所有的儿童都会"说谎"。而在说谎的动机中，"自我保护"会占据相当大的比例。这也是因为爸爸妈妈平时教育过于严格，使得孩子很清楚自己在做错事后就会遭到打骂等惩罚，于是出于"趋利避害"的心理，他们就会开始说谎。

对于孩子说谎的问题，爸爸妈妈虽然会感到生气，但也不能因此对孩子进行过于严厉的惩罚，否则会让孩子产生恐慌，以后遇到类似情况后就更会用说谎的方式来保护自己。

那么，爸爸妈妈应当如何理性地处理孩子说谎的问题呢？

1

反省自己的教育方式。孩子经常说谎，爸爸妈妈要先从自己身上找原因，看看是否之前对孩子的教育方式过于简单粗暴，以至于让孩子产生了强烈的恐惧心理。如果确实存在这种问题，爸爸妈妈应当及时改正。在孩子平时犯错误时，爸爸妈妈需要按捺住自己的脾气，不要在气头上处罚他们，以免他们对"犯错误"这件事产生阴影，下次再犯了错，马上就会想到用说谎的办法来逃避处罚。

2

鼓励孩子说实话。爸爸妈妈还可以鼓励孩子主动承认错误，如果他们愿意说实话，之后就可以减轻一些处罚。当然，这里的"处罚"不应该是体罚、辱骂，而可以用一些更加理性的手段来代替。比如孩子犯错误后，可以罚他们三天不能看最喜欢的动画片，但如果他们愿意主动承认错误就可以将惩罚时间减少到一天。这样也能促使孩子说真话，并能够逐渐培养他们诚实、负责的好品质。

3

重视孩子的第一次说谎。爸爸妈妈在发现孩子开始说谎后，千万不可掉以轻心，应当立刻指出孩子的错误，并明确告知他们说谎的害处比如会失去朋

友、同学的信任，成为被孤立的人等。其实在孩子尝试说谎时，内心也会感觉不安，当他们发现大人没有想象中那么"好骗"后，就会自觉地修正错误，下次一般也不会再用谎言来"蒙混过关"了。

4

为孩子做出诚实的好榜样。为了教孩子不说谎，爸爸妈妈也要注意留心自己的言行，为孩子做好诚实的榜样。"曾参教子"的故事说的就是这个道理：曾参的妻子骗孩子说会杀猪给他吃，其实根本没打算兑现承诺，曾参却认为"小孩是不能欺骗的。小孩年幼无知，只会学父母的样子，听父母的教诲。如今你说话不算数，哄骗孩子，实际上是在教孩子说谎。"于是曾参还是把猪杀了。由此可见，爸爸妈妈还是应当严格要求自己，在孩子面前一定要说真话，成为孩子模仿的好榜样，教孩子做一个诚实的人。

第二章
Chapter 2

天天说你就是不听

- 一句话重复说，你不烦我都烦
- 越唠叨，越听不见
- 提醒越多，越是粗心
- 禁止成了"禁而不止"
- 你小时候的经验早就 out 了
- 谁输在谁的"起跑线"上
- 动不动吹毛求疵，难道你很完美吗
- 芝麻大的事，用得着长篇大论吗
- 这么爱上网，你属蜘蛛的吗

一句话重复说，你不烦我都烦

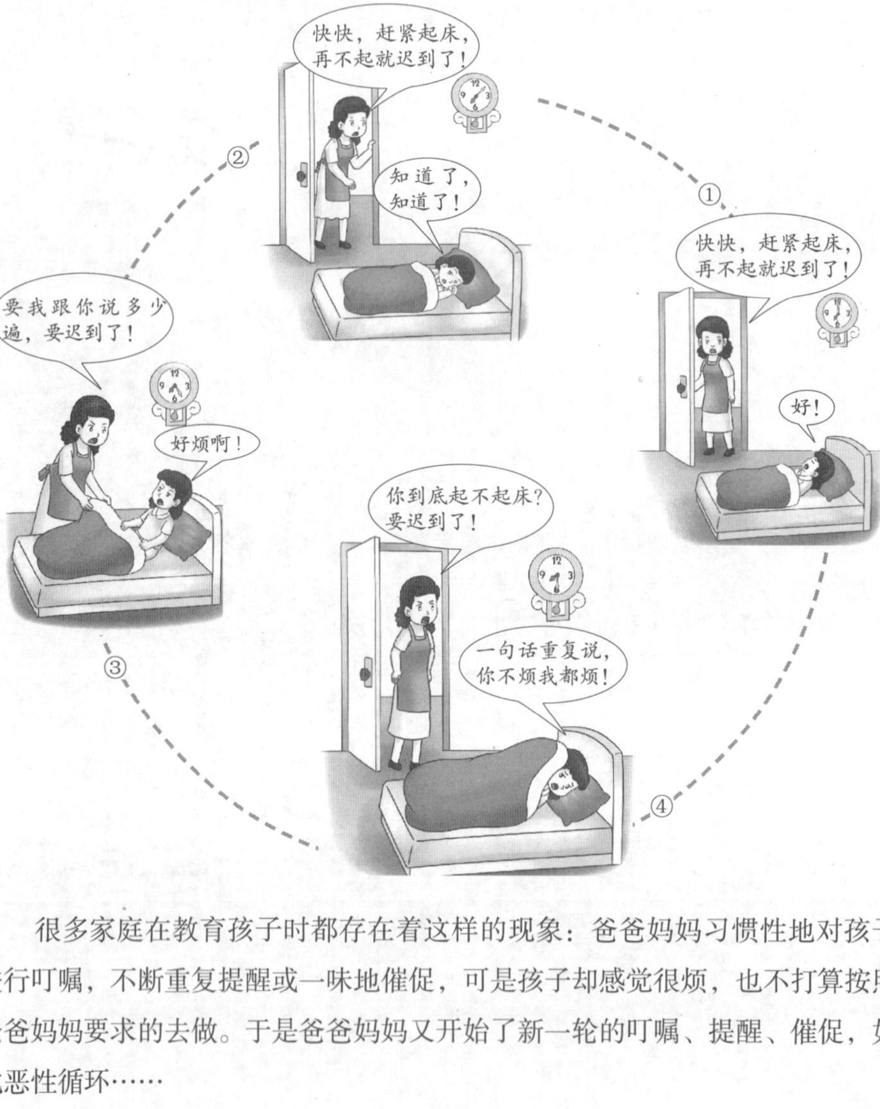

很多家庭在教育孩子时都存在着这样的现象：爸爸妈妈习惯性地对孩子进行叮嘱，不断重复提醒或一味地催促，可是孩子却感觉很烦，也不打算按照爸爸妈妈要求的去做。于是爸爸妈妈又开始了新一轮的叮嘱、提醒、催促，如此恶性循环……

像这样的教育方式就属于"无效"的教育，虽然爸爸妈妈花了很多心思，费了不少口舌，但都是重复之前说过的话语。也许在说第一遍的时候还能引起孩子的重视，可次数多了，孩子就不会用心去听，也不会对类似的话语进行思考，更不可能审视自己的行为而有所改进。

因此，爸爸妈妈应当改变这种重复式教育法，在教育的过程中可以注意以下几点：

1

重要的事情只说一遍。爸爸妈妈如果想要引起孩子的注意，不一定非得用不停重复的办法，而是可以选择恰当的时机，用十分认真的态度对他们说："这个问题很重要，我只说一遍……"在这种严肃的氛围下，孩子自然会竖起耳朵仔细地听。然后爸爸妈妈就可以将发现的问题告诉孩子，在讲话的时候也要注意重点突出，不要喋喋不休地说一些无关紧要的话语。

2

教育孩子要学会"抓大放小"。爸爸妈妈还要学会不要过多地关注孩子身上存在的各种小问题，像一些生活中无关紧要的琐碎小事，其实是可以睁一只眼闭一只眼的。如果每天都为了这些鸡毛蒜皮的事不停地重复提醒、叮咛，不光爸爸妈妈会十分疲惫，孩子也会感觉非常心烦。所以爸爸妈妈要学会把最主要的精力聚焦于那些最重要的事情上，如孩子的价值观、学习方法、学习习惯等方面存在问题。

3

变不断催促为适度等待。有时爸爸妈妈总是希望自己一提出要求孩子就能马上做到，但现实往往事与愿违。由于孩子的心智和能力有限，要求他们像成年人一样立刻改变显然是不可能的，所以爸爸妈妈需要多一些耐心，不要总是一遍一遍地重复催促，而是可以给孩子留下一个转变的时间。如果经过一段时间他们的表现仍不尽如人意，爸爸妈妈就可以和他们一起分析原因，想办法一起改进。

4

让孩子自己去承受事情的后果。有的时候，与其对孩子重复叮嘱、不断催促，还不如放手让孩子自己去体会事情的后果，让他们能够从思想上深刻认识到自己的错误。就像本节漫画的故事中，妈妈就可以不再催促孩子早起，等他睡过了头，来不及吃早饭，饿着肚子上学，结果还是迟到挨了老师的批评。之后，他就会意识到妈妈的催促其实是为了他好，他就会主动养成早睡早起的好习惯，而不用依赖爸爸妈妈的重复提醒了。

▶ 越唠叨，越听不见

　　唠叨是很多家庭教育当中极为普遍的现象之一。爸爸妈妈唠叨的内容多是指向孩子的缺点，不厌其烦地絮絮叨叨、冷嘲热讽、批评指责，让孩子感觉十分压抑。过多的唠叨还会让孩子产生自我保护式的逆反心理，有时他们会假装听不见或用沉默不语来消极对抗，让爸爸妈妈感到束手无策。

　　爸爸妈妈应当意识到，唠叨不但不能够促使孩子改正缺点，还有可能让他们变得越来越"不听话"。为了给孩子营造一个良好的成长环境，爸爸妈妈克服唠叨非常有必要。

1

　　想办法解决问题而不要依靠唠叨。有的爸爸妈妈在教育孩子时缺乏技巧，遇事不懂变通，又担心孩子这样下去问题会越来越严重，不知不觉就会唠叨不止。对于这种情况，爸爸妈妈要多想一些有效的对策，以敦促孩子改正缺点。如果感觉有困难，也不妨多咨询专业人士或在互联网上搜集一些专家的意见，用科学的教育方法来代替没有意义的唠叨。

2

　　减少对孩子的控制欲望。不少爸爸妈妈对孩子的控制欲望太强：要么对孩子的一切事情无论巨细都想了解得清清楚楚，孩子不想说就唠叨追问不休；要么必须要求孩子凡事都得听大人的话，孩子不肯遵从就感觉自己失去了威信，便"苦口婆心"地唠叨起来。这种控制欲望会损害孩子追求自由自主的天性，会给孩子造成长久的心理伤害。所以爱唠叨的爸爸妈妈应尽早分清楚亲子关系中的界限，减少360°的监督和控制，让孩子能够自由自在的成长。

3

　　停止自相矛盾的唠叨。有时爸爸妈妈在唠叨孩子时，会出现自相矛盾的情况而不自知。比如，爸爸妈妈已经规定孩子写完作业再吃饭，可是之后又担

心孩子会挨饿，于是不断询问孩子的进度，还唠叨、埋怨孩子写得太慢。这种自相矛盾的唠叨会让孩子不明就里，也不知道如何应对，最终他只好选择置之不理。对此，爸爸妈妈应该主动反思，看看自己是否有说话过于随意的问题，如果有就应当及时改正，而不要动不动就对孩子进行"语言轰炸"。

4

变说为听，给孩子发表意见的机会。爸爸妈妈不要总是唠叨孩子，平时也要学会尊重孩子，变"说"为"听"。比如孩子在完成某项任务感到有困难时，爸爸妈妈就不要用唠叨来催促、责备他，而是和他们进行商榷，听一听他们的想法，然后给他们提供必要的帮助，这样才能获得孩子的信任和认同。

提醒越多，越是粗心

发现孩子存在粗心大意的毛病，爸爸妈妈都会去提醒他们，让他们能够细心、谨慎一些。可是这样的提醒次数过多，就容易给孩子造成一种心理上的压力，或形成一种强烈的心理暗示，会让他们不由自主地将注意力集中在"我不能粗心"这种心理上，由此反而更容易让他们忽略题目细节，出现更多的错误。

为了避免出现这种"越提醒越粗心"的情况，爸爸妈妈有必要改变教育方法，停止没有意义的强化提醒，转而帮助孩子解决学习方法上存在的问题。事实上，孩子粗心大意、容易犯错，归根结底还是因为学习能力有欠缺，才会频频出现计算错误、审题不清、基本概念不扎实、不会检查等各种各样的问题。要想有所改变，爸爸妈妈就要督促他们在这些方面多下功夫。

1

　　培养正确的计算习惯。粗心大意的一种典型情况是计算错误，像点错小数点、写错数位、抄错运算符号、漏写数据等等，而这与计算时不够认真，又喜欢图快省略必要步骤有很大的关系。所以爸爸妈妈应当教会孩子在计算时不要简化步骤，比如在解方程时，去分母、去括号、移项、合并同类项等步骤一步都不能少，千万别想着把几步并作一步来进行，而且书写的时候也要注意字迹清晰，数据准确，这样在计算时粗心大意的问题就会较少出现了。

2

集中精力看懂题意。没有审清题意就急忙动笔，也是粗心大意造成的一种错误。比如孩子一看到题目觉得非常熟悉，很像老师讲过的某题目，于是也不仔细琢磨，就三下五除二写下答案，结果自然会出现问题。像这种情况就必须提倡"慢慢审题"，一定要彻底读懂题意，特别是要弄清楚各种已知条件和最后的问题，在确定解题思路后才能下笔，千万不要想当然。

3

彻底掌握基本概念。有的基本概念看似浅显，其实孩子却不一定能够做到彻底掌握，以至于屡屡出现难题能做对、简单的基础题却出错的问题。对此爸爸妈妈可以经常帮他们做一些复习巩固的工作，对于已经学过的概念要不时地进行一番系统的梳理，找到概念模糊的地方就将它彻底弄通记熟。只有先把基础打好，才能再考虑进行加强训练，否则下次遇到基础题目还是会出现类似的错误。

4

学会检查、反思、总结。仔细检查是减少粗心大意错误的一个好办法。爸爸妈妈可以在平时督促孩子认真检查每天完成的作业，以帮助他们养成这种好习惯。在检查的时候，爸爸妈妈应当要求孩子注意力集中，仔细地审查每一道题、每一个结果。如果时间充裕的话，还可以让他们试着用不同的方法解同一道题目，这样既能检查结果是否准确，又能锻炼思维，提升学习能力。

禁止成了"禁而不止"

从现在开始，在家禁止玩手机！

越不让我玩，我越是要玩！

②

①

不准玩了！天天玩，太不像话了！

哈哈，现在可以玩个痛快了！

在家禁止玩手机，我不会到外面玩啊！

③

④

在爸爸妈妈教育孩子的过程中，可能会经常出现这样的现象：越是禁止孩子做某事，他们就越会情不自禁地去做，似乎爸爸妈妈的"禁止令"反而成了一种"诱惑"，让他们觉得被禁止的事情越发充满吸引力和趣味性。

之所以会出现这种情况，主要是因为爸爸妈妈在教育孩子时没有考虑到他们的心理需求，一味用"不要""不许"这样的否定语对被禁止的内容进行"强调"，却没有很好地向孩子解释原因，结果点燃了孩子的注意力和好奇心，导致"禁而不止"的结果。

为此，爸爸妈妈在向孩子发布"禁止令"的时候要注意以下几点：

1

停止态度过激的禁止。爸爸妈妈在使用禁止语的时候，应当尽量平和、冷静，态度不要粗暴。比如孩子口渴，想吃冷饮，因为担心孩子会吃坏肚子，爸爸妈妈粗暴地禁止："不许吃这个……"但是爸爸妈妈有没有解释清楚为什么不能吃，孩子心中很不服气，再加上冷饮对孩子有较强的诱惑力，所以他们就有可能不接受禁止，结果就可能因孩子吃下过量冷饮造成健康问题。因此，爸爸妈妈应当改变禁止的方式，先向孩子解释"不许"的道理，让他们对这件事的后果有清晰的认识，他们就不会故意与爸爸妈妈"唱反调"了。

2

让孩子适当品尝一下违反禁令的"苦果"。如果爸爸妈妈发现孩子对被禁止的事情充满好奇，很有可能会去自行尝试，这时候爸爸妈妈不妨在确保安全的情况下放手让孩子去体验一下。当他们自己品尝到"苦果"后，自然会避之唯恐不及，以后也不会再做让爸爸妈妈担心的事情了。比如一个孩子对家中种植的仙人球很感兴趣，总想着摸上一摸，爸爸妈妈索性便让他轻轻摸一下，孩子感受到了疼痛后，就再也不会去碰仙人球了。

3

有时可以变完全禁止为适度满足。对于一些"禁而不止"的事情，爸爸妈妈还可以考虑适度满足孩子的需要，使他们有被尊重的感觉，这有助于减少他们与爸爸妈妈的对抗。就像孩子们普遍喜欢玩手机、平板电脑，如果一味拒绝或明令禁止效果都不会好，反而还会激起孩子的逆反心理。爸爸妈妈不妨换一种方式：跟孩子约定玩电子产品的时间，然后监督孩子玩一些有意义的科学、智力游戏或欣赏一些"正能量"的动画片、影视作品等，这样不但对孩子的成长有帮助，爸爸妈妈也不用为了频繁下禁令而苦恼，可谓一举多得。

你小时候的经验早就 out 了

在孩子"不听话"的时候，有的爸爸妈妈总喜欢一面说教，一面拿出"我像你这么大的时候如何如何"来予以佐证，似乎用自己的成长经验就能让孩子意识到自己的言行有不恰当的地方。可事实上，时代在进步，每一代人的观念

都在发生改变，如果用过时的经验去衡量和要求孩子，就有些勉为其难和不通情理了，孩子在听到这样的教育后往往也很难接受，即使勉强按照爸爸妈妈的要求去做，内心也是很不情愿的。

因此，爸爸妈妈有必要改变这种落后的教育方式，在现代家庭教育中，应当采用更加科学的做法。

1

不要用过时的经验对孩子说教。每一位爸爸妈妈都有自己的成长经历和受教育的经验，这些经历和经验能否套用到自己的孩子身上，还需要爸爸妈妈反复斟酌，并且要结合当前的环境恰当地选用。比如现在的家庭经济环境普遍比爸爸妈妈所处的时代有很大提升，在物质条件富足的情况下，爸爸妈妈大谈自己过去吃苦耐劳、勤俭节约的经验，孩子可能就很难认同，因为他们并没有切身的体会。所以爸爸妈妈如果想要传达这些精神，就应当结合具体的情境来进行。比如可以带孩子一起去农村体验生活、接受军训等等，让孩子亲身体验才能达到教育的效果。

2

教育理念要与时俱进。爸爸妈妈平时应当开阔视野，逐渐抛弃过时的教育理念，接受先进的教育思想，并掌握一些现代化的教育手段。比如爸爸妈妈在掌握了一些新颖的聊天工具后，就可以在网上与孩子沟通，不必绷着脸对孩子说教，而是像朋友一样轻松地交流。

3

用行动而不是言语来打造孩子可以模仿的榜样。爸爸妈妈都想成为让孩子的榜样，可是这种榜样的树立，靠的不应是爸爸妈妈不断的自我吹嘘，而应是实际的可参考的行动。比如爸爸妈妈平时讲究公德、富有教养、心胸豁达、处事公道等等，这些美好的行为都会在不知不觉中影响孩子的成长，其效果远比重复"我小时候如何如何"要有效得多。

谁输在谁的"起跑线"上

"不能让孩子输在起跑线上",是不少爸爸妈妈追捧的一句话。在教育孩子的时候,爸爸妈妈也不断引用,想以此让孩子产生危机感,能够学会在人生的起跑线上"抢跑"。可是在爸爸妈妈絮絮叨叨的过程中,其实不过是将自己感受到的所谓"起跑线"压力转嫁到了孩子身上,会让孩子感觉疲惫不堪,还容易变得厌学、"不听话"。

事实上,"不能输在起跑线上"的本意是希望爸爸妈妈能够尽早重视孩子的教育问题,而不是要给孩子太多超出他们承受能力的教育。因此,在教育孩子时,爸爸妈妈应当理智一些。

1

摆脱功利性过强的教育理念。爸爸妈妈孜孜不倦地用"起跑线"的问题来教育孩子,大多是由于对孩子的教育抱着太多功利性的期望,比如认为学习好能够改变孩子的命运,能够让孩子将来有更多的机会找到好的工作等等。但是单单学习好、才艺佳并不算是教育的全部,孩子更需要的是情感、道德、心灵方面的教育,这样将来才能够成长为身心健康、性格健全、道德高尚的人,而这些最重要的东西恰恰是功利性教育不能给予的。

2

不要将自己成长中的遗憾强加于孩子。有一些爸爸妈妈因为原生家庭存在一些缺陷,如经济条件较差等,导致没能接受自己期望的教育而留下了终生的遗憾。于是在教育自己的孩子时,爸爸妈妈就很容易从自己的角度出发,对孩子不断地说教,要求他们接受某些训练或考上某个学校。但实际上,孩子并不是爸爸妈妈梦想的"接力棒",他们有自己的兴趣爱好。爸爸妈妈应该尊重孩子的选择,而不是让孩子来完成自己的理想。

3

不要将面子看得高于孩子的感受。爱面子是很多中国人的共性，为了在别人那里"争面子"，不少爸爸妈妈事事争强好胜，在孩子的教育问题上也不例外。如果孩子成绩不如别人家的孩子，爸爸妈妈就会觉得脸上无光，在别人面前抬不起头来。可是爸爸妈妈却没有意识到，比面子更重要的是孩子的感受。为了爸爸妈妈的面子，孩子丢失了本该无忧无虑的童年，失去了孩童应有的快乐、纯真，这是多少"面子"都弥补不了的损失。

动不动吹毛求疵，难道你很完美吗

在现实生活中，有的爸爸妈妈对孩子的要求过于严格，甚至达到了"吹毛求疵"的地步，任何事情都要求孩子必须做到"十全十美"，结果给孩子造成了极大的压力，使他们疲于奔命、苦不堪言。孩子也容易对爸爸妈妈产生不满、反感情绪，进而可能滋生叛逆心理。

事实上，世界上并不存在完美无缺的人，很多事情爸爸妈妈也并不能够保证都能做到位，又何必强求孩子呢？为了减少这种伤害，爸爸妈妈应当注意做到以下几点：

1

从理性的角度审视孩子。爸爸妈妈应当尽量从理性的角度去看待孩子的成长，要学会接受他们的不完美，接受他们身上存在的某些缺点，而不应在他们达不到各种苛刻的要求时，就对他们施加各种压力，要么大发雷霆，要么反反复复地嘀咕。这些做法只会让孩子感觉厌烦，久而久之，更会让孩子变得十分自卑。因此，爸爸妈妈应当停止对孩子的苛求，逐渐学会赏识自家的孩子，多给他们一些宽容和鼓励。

2

不要对孩子要求过高。有的爸爸妈妈希望教育出优秀的孩子，于是就会用各种各样严格的要求去限制他们，强迫他们一定要按照所谓的模式去做。可是有的要求可能并不适合孩子的实际情况，也有可能超出了他们的实际能力，就会让他们不堪重负。像要求孩子不仅要学习好，还要懂才艺、会外语、学会标准的礼仪等等就有"吹毛求疵"的嫌疑，不但不符合孩子的成长规律，还有可能逼出孩子的逆反心理，让爸爸妈妈的期望落空。

3

允许孩子在某些方面"落后"。有些争强好胜的爸爸妈妈总是会过度焦虑，害怕孩子在某一方面表现不佳影响到今后的发展前途。可实际上在某些方面落后并不是什么不可饶恕的事情，每个孩子都有自己的长处，爸爸妈妈应当鼓励他们发挥自己的优势，取得一定的成就，而不必要求他们样样都要做到最好。

芝麻大的事，用得着长篇大论吗

爸爸妈妈可能都有这样的经验，越是长篇大论地要求孩子做到某事，他们就越是懒洋洋地不肯配合。出现这种情况，主要是因为孩子的耐心和理解能力比起成年人来说还是比较有限的，太多太长的道理他们会感觉很费解，也没有耐心去仔细听。特别是在爸爸妈妈紧抓着一些"芝麻粒大"的小事讲大道理的时候，孩子更会感到非常烦躁，也很难听得进去。

那么，爸爸妈妈怎样和孩子讲道理，才能让他们容易听懂也更愿意接受呢？

1

对孩子提出简单的指令。爸爸妈妈在要求孩子做到某事时，不要下达过于冗长、过于复杂的指令，否则会干扰孩子的注意力，影响他们的正常理解。为了让孩子能够迅速采取行动，爸爸妈妈可以提出一些简单明了又具有力量的指令。比如想让孩子在看完电视后自己去洗漱，爸爸妈妈就可以下达一句简单的指令："给你 15 分钟，自己洗漱。"而不要长篇累牍地说："我一次一次叫你去洗漱，你却只顾看电视，你当我的话是耳旁风吗……"

2

对孩子讲道理，要求孩子做到的事自己首先要做到。爸爸妈妈在对孩子讲道理时要做到以身作则，如果连自己都不能做到的事情，还想要求孩子做到，孩子心中肯定是不服气的。比如在现实生活中，有的爸爸妈妈自己就是"手机控"，经常抱着手机刷微博、朋友圈，却对孩子长篇大论地讲玩手机的坏处，这种道理孩子自然是不会听的。

3

给孩子留下申辩的机会。爸爸妈妈不要只顾着长篇大论地对孩子讲道理，也要给孩子留下申辩的机会，听一听他对这件事的解释。沟通毕竟是双向的，如果只是爸爸妈妈一味说教，是很难取得良好成效的。只有让孩子把事情原原本本地讲清楚讲明白，才能避免爸爸妈妈的误判，孩子也才会对爸爸妈妈所讲的道理心悦诚服。

4

讲道理的同时适当肯定孩子的长处。爸爸妈妈一味长篇大论地数落、指责孩子，会让孩子变得情绪低落，甚至容易偏激。想让孩子接受教育，不妨试试"欲抑先扬"的办法，先肯定孩子身上一些值得赞许的长处，或对他们近期取得的进步给予及时的表扬，在此基础上再指出他们的不足之处，这样孩子就容易接受爸爸妈妈的意见了。

这么爱上网，你属蜘蛛的吗

信息时代催生了各种智能电子产品，越来越多的孩子在很小的时候就接触到了手机、电脑等电子产品和衍生品。有的爸爸妈妈为了安抚孩子，便随意地将这些电子产品丢给孩子玩耍，久而久之，孩子难免会养成迷恋电子产品、沉溺网络的坏习惯，不仅会影响他们正常的生活和学习，还会对视力发育、脊柱发育等造成不良影响。

在这种情况下，爸爸妈妈不停地打骂、唠叨，可能会在短时间内成功阻止孩子，但却没有办法让孩子改掉已经形成的对网络的迷恋。有的孩子还会因为被阻止上网而变得叛逆，他们会故意违背爸爸妈妈的意愿，私下里去想别的办法满足需求，造成亲子矛盾不断升级。

由此可见，想要依靠打骂、唠叨让孩子戒除网瘾是不现实的，为了让孩子养成良好的上网习惯，爸爸妈妈不妨从以下几个方面做起：

1

爸爸妈妈以身作则，尽量少接触网络。孩子对网络最初的了解几乎都来自家庭，特别是爸爸妈妈本身就热衷于上网玩游戏、购物、刷微博、发朋友圈，孩子很容易会受到影响而沉迷其中。所以要想让孩子对上网有着正确的认识，爸爸妈妈首先要反省自己是否对网络世界过于关注，生活是不是已经成被网络所捆绑。如果确实有这种情况，爸爸妈妈就应当从自己做起，尽量少在孩子面前接触网络，让孩子能够以爸爸妈妈为榜样，逐渐戒除"网络成瘾症"。

2

和孩子一同商定上网限定条件。什么时候可以上网，每次上网时间可以持续多久，都有哪些网站是孩子可以浏览的，这些问题爸爸妈妈都要和孩子一一商定，并最好细化到每个环节。让孩子参与到制定规则的过程当中，孩子就会觉得被尊重，也会从心底认可这个由自己参与制定的规则，并能够做到主动去执行。在这个过程中，爸爸妈妈的态度一定要诚恳，要鼓励孩子说出自己真实的想法，不要动不动就气急败坏地打断孩子，或者只要孩子一张口提条件就说"不行"。

3

孩子上网超时，应当承担一定的"后果"。爸爸妈妈在和孩子制定完上网的具体限定条件后，如果孩子没有遵守，爸爸妈妈不能听之任之，而是要让孩子对自己的行为后果负责。比如，爸爸妈妈可以心平气和地告诉孩子："因为你今天没有遵守约定，所以取消明天的上网时间。"如果孩子因此闹情绪，爸爸妈妈也不要对他们数落或谩骂，而是应当以坚定的态度、和缓的语气，提醒孩子要遵守自己制定的规则，帮助他们养成负责任的态度。

4

爸爸妈妈多抽时间陪伴孩子，增加亲子互动频率。有的时候孩子将全部的注意力集中在网络上，可能是因为平时爸爸妈妈没有给予他们足够的关注，使得他们的心灵处于十分空虚、无聊的状态，就很容易受到网络上一些有趣的事物的吸引而染上网瘾。为此，爸爸妈妈应多做自我反思，看看是否平时陪伴孩子的时间太少，没有太多机会和孩子一起互动玩乐，或者没有带孩子出去接触更大的世界，只是将孩子局限在屋里，他们多余的精力无法释放，就会自娱自乐，染上网瘾。

第三章
Chapter 3

有话好好说

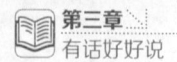

君子动口不动手

在教育孩子的时候，比起动手打孩子，其实还有很多更巧妙也更有效果的办法。比如，爸爸妈妈可以试着用言语去说服孩子，这种说服与低效或无效的唠叨不同，是能够触达孩子内心的。有技巧的说服能够让孩子在不知不觉中接受教育，并改正自己的不良行为。

下面这几种方法都是爸爸妈妈在说服孩子时可以进行尝试的：

② 没事没事。
不好意思，孩子不懂事。

①

③ 打孩子解决不了问题，还是讲道理吧。

④ 孔融的做法你觉得好不好，你自己觉得今天的表现好吗？
我不应该抢东西吃……

1

选择说服法。想要让孩子听从自己的意见，不一定非得采用直白的大道理。爸爸妈妈不妨采用迂回的手段，用"选择题"来代替"是非题"，也就是给孩子提供两个可以选择的方案，其实孩子无论选择哪一项，都是爸爸妈妈希望他们做到的。但因为有了选择权，就会让孩子感觉受到了尊重，也会愿意配合着去做。比如想说服孩子离开电视机，爸爸妈妈就可以这样对他说："你是想先吃饭，还是想先做功课？"这时无论孩子选择任何一项，爸爸妈妈都达到了目的。

2

暗示说服法。在爸爸妈妈觉得孩子的言行不够妥当的时候，直接否定、批评他们，可能会让他们产生挫折心理，也有可能损害亲子关系。所以此时应当采用婉转一些的说服办法，比如暗示孩子："你这么说我觉得不太明白，你要不再想一想，想清楚再说一遍好吗？"这样孩子就会主动地换个角度去思考问题，并有可能改正自己的不当言行了。

3

激将说服法。所谓激将说服，就是从反面去刺激孩子的好胜心，激起他完成某项任务的勇气和热情，从而达到教育的目的。比如孩子不爱整理房间，把房间弄得乱七八糟，爸爸妈妈就可以巧用激将法："我现在开始整理房间了，我的速度是最快的，你一定不敢跟我比……"听到这样的话，孩子就很有可能态度积极地投入到"比赛"中，忙得不亦乐乎，而爸爸妈妈想要教育他们的目的也就能够达到了。

当然，说服孩子的方法还有很多种，具体选择哪一种还需要爸爸妈妈在实践中去比较效果，然后选择最适合孩子的那一种，让孩子在爸爸妈妈富有魅力的言语中，得到潜移默化式的教育。

说你怎么了，还能掉块肉吗

②怎么会教出你这么个不争气的东西！

①笨死了，比猪还笨！

不许哭！这么大了还哭鼻子，真没出息！

就说你两句，又不会掉块肉，你哭给谁看！

③ ④

　　有的爸爸妈妈在批评孩子的时候虽然能够做到"动口不动手"，但是他们却没有注意说出口的语言，那些带着严重攻击、贬低性质的话语对孩子造成的伤害其实并不亚于体罚，只不过比起体罚，这种语言暴力的伤害是无形的，因而也容易被爸爸妈妈所忽视。

　　可事实上，经常遭受语言暴力的孩子，心中会投下一层阴影，他们会对周围的人事缺少信任，甚至会对社会产生一种强烈的排斥感。"中国少年平安行动"组委会曾经就"你认为最急迫需要解决的家庭伤害"这一问题进行过专项调查,最后公布的结果令人触目惊心,竟有超过 81% 的被访孩子认为最急需解决的问题是家庭"语言伤害"。

由此可见,为了孩子的健康成长,爸爸妈妈应当关注"语言暴力"造成的不良后果,并注意避免说一些会刺激和伤害孩子的话语。

1

不让刻薄的话随意出口。爸爸妈妈在批评孩子时切忌尖酸刻薄,比如一位爸爸在孩子不肯当众表演节目的时候,刻薄地数落他:"谁会像你这么没用啊?真给我丢脸。"这种刻薄的话语就好像是一把锋利的刀,深深刺痛了孩子的心灵,他会觉得自己可能确实像爸爸所说的这样"没用",因而陷入对自己的负面评价中难以自拔。情况严重时,他甚至会对周围人们对自己的看法产生怀疑,别人一个眼神、一句随意的话语都会让他思索再三。久而久之,就可能酿成各种心理问题,这时爸爸妈妈想要补救就已经十分困难了。

2

不能用侮辱的话伤害孩子的人格。爸爸妈妈在盛怒之下,往往会口不择言,说出一些带有侮辱性的语言,如"你真是个废物""你脑子让猪吃了吗"等等,其实爸爸妈妈可能只是随口而出的话语,但是这些带有巨大攻击力的话语却会深深根植于孩子的心灵中,逐渐发展壮大,让孩子变得越来越冷漠、暴躁、情绪不稳定、容易冲动。

3

不要揭孩子的伤疤。在家庭教育当中,爸爸妈妈应该学会体察孩子的情绪,有时孩子已经知道自己做得不好,并为此感到难过、难堪,爸爸妈妈就不必再"雪上加霜",非要揭开他的"伤疤",让他再痛一次。教育孩子是应当的,但若是

伤害到孩子的心灵，这样的教育就是不恰当的，这一点需要爸爸妈妈在教育孩子时始终牢记。

▶ 批评，也是一门艺术

② 刚才为什么惹哭了小妹妹？

我们说好每人玩十分钟，她耍赖，我就硬拿了过来……

① 去和阿姨家的小妹妹玩儿吧。

好！

③ 她耍赖不对，你硬抢也不好。要讲讲道理，就像妈妈这样，告诉你哪里错了，而不是责骂你，明白吗？

④ 妈妈，我懂了，以后都不这么干了。

　　成功的家庭教育建立在父母对孩子的深入了解基础之上，当孩子的言行表现得不那么令人满意时，爸爸妈妈劈头盖脸地指责孩子并不会有好的教育效果。与其揭孩子的短，让亲子关系变得疏远，不如给孩子应有的尊重。根据孩子的心理特点，用恰当的方式教育孩子，这样才能够产生事半功倍的效果。

那么，在批评孩子时要注意哪些要点呢？

1

批评孩子要注意时间。爸爸妈妈批评教育孩子要避开清晨、吃饭、睡觉前这三个时段。早晨起床就对孩子的生活习惯指指点点，会破坏孩子一天的心情；而全家人吃饭的时候是一天最为温馨的时刻，批评会破坏和谐的氛围，也会影响孩子的食欲和身体健康；另外，睡觉前批评孩子，容易导致他们精神紧张影响睡眠质量，也会影响孩子第二天的精神状况。所以，爸爸妈妈可以选择饭后1~2个小时以后，在孩子情绪比较平静的时候耐心地指出他们的一些问题。

2

合理批评，不上纲上线。当孩子在行为、习惯、态度、言行等方面存在问题的时候，合理的批评能让孩子意识到问题所在，从而规范约束自我。而这就要求爸爸妈妈首先要弄明白孩子不良行为的具体事实，然后以充分的理由展开批评。在批评中还要注意不能夸大其词，更不能够上升到人格、智力方面的侮辱。只有合理批评，孩子才会心服口服、自觉接受，而不会出现抵触情绪。

3

在误解孩子时要态度诚恳地道歉。有时候爸爸妈妈可能对孩子的言行产生误解，从而造成批评失实，这时孩子肯定是非常委屈和不满的。如果爸爸妈妈注意到孩子的这类情绪变化，就要注意停止批评，并马上给孩子解释的机会。假如孩子能够讲清原委，证明确实是爸爸妈妈误判，那么爸爸妈妈也要诚恳道歉，切勿端着大人的架子不肯向孩子低头。

4

　　不要忽略批评之后的安慰。孩子在做错事受到爸爸妈妈的批评后，心情肯定是比较低落的。这时爸爸妈妈不要忘记对他们进行安慰，使他们不至于因为批评而对自己失去信心。爸爸妈妈可以轻轻地拥抱他们，再说一些温暖的话语，如："没关系，每个人都会犯错，你只要注意改正就好，爸爸妈妈还是爱你的。"经过这样的安慰后，孩子的心情会很快好转，也会更加愿意去改正错误或缺点了。

▶ 有理不在嗓门大

有的爸爸妈妈总喜欢高声训斥孩子，觉得这样能够让孩子更加重视，起到强化记忆的作用。可事实上，这只是爸爸妈妈的一厢情愿。高声训斥孩子，最初会让孩子受到惊吓而变得惊慌失措、高度紧张，慢慢地，当孩子适应了这种训斥后，就会变得越来越麻木，根本无法真正领会到爸爸妈妈训斥的目的是什么。时间一长，爸爸妈妈还会发现自己即使吼破了嗓子，孩子仍旧无动于衷，有时他们还会用沉默、我行我素等方式与爸爸妈妈进行对抗，亲子感情也会日渐疏远。

由此可见，爸爸妈妈应当改变高声训斥孩子的坏习惯，在教育孩子时，要学会"有话好好说"。

1

学会低声细气地对孩子讲道理。爸爸妈妈应当将高声训斥孩子变为低声细气的教育。在低声细气地对孩子说话时，孩子能够感受到大人的冷静、善意，并有可能受到良好的感染。同时，孩子也能够集中思想听懂爸爸妈妈教育的内容，并真正领会到自己应当怎么做才能达到要求。这样不但教育的效果会更好，孩子也会对爸爸妈妈产生更强烈的信任感。

2

学会蹲下身子与孩子对话。爸爸妈妈可能习惯了站直身子、居高临下地对着孩子发表言论，这种做法常常会让孩子产生不被尊重的感觉。因此，爸爸妈妈可以试着蹲下身子，这样视线就能够与孩子的眼睛保持在同一水平线上，可以在说话时随时观察孩子的反应，并适当调整自己，孩子的注意力也会更加集中，也更愿意与尊重自己的爸爸妈妈进行交流互动。

3

学会使用温和的肢体语言。有的爸爸妈妈不但喜欢高声训斥孩子，还经常加上一些的动作，比如指着孩子的脸，或用手指去戳孩子的额头，再配合愤怒的眼神、轻蔑的语气，无疑会让孩子感觉十分不舒服。在这种教育方式下，孩子不但很难意识到自己的错误，还会本能地进行反抗。这样就失去了让孩子及时改正错误的最佳时机，而且孩子以后也很难再认真听取爸爸妈妈的批评。因此，爸爸妈妈也要注意修正自己的肢体语言，可以在低声细气地批评、教育孩子的同时，不时地抚摸一下他们的头或肩膀，这样孩子就能够接收到爸爸妈妈释放的善意，抵触、逆反的情况也会有所好转。

你不是将军，别随便下命令

苏联教育家巴班斯基曾经说过这样一句名言："父母经常用命令的口气对孩子说话，叫孩子做事，会使孩子产生逆反心理，很难收到预期的教育效果。而一直在命令中做事的孩子，会缺乏主动性，容易形成懦弱的性格，不利于孩子的成长。"可是在现实中，的确存在很多习惯对孩子"发号施令"的爸爸妈妈，他们觉得自己身为长辈，命令孩子做事是理所当然的。可是他们却没有意识到，孩子也是独立的个体，他们有自己的想法，也有强烈的自尊心，希望能够获得别人平等的对待，而不是被命令着、强迫着去做某事或达到某个目标。

因此，爸爸妈妈应当停止用命令式的口气与孩子说话，转而使用孩子愿意接受的说法来教育他们。

1

在与孩子说话时尽量减少强硬的命令式词语。爸爸妈妈可以认真反思一下自己平时对孩子说话的方式，看看是否存在过于强硬、充满各种命令式语句的问题。比如经常对孩子说"不准……""……不行""给我……""必须……"，都是属于命令式的教育法，会让孩子感到一种被限制、被压制的郁闷和无奈，还会伤害他们的自尊，使他们要么变得敏感、易怒、不爱服从，要么变得唯唯诺诺、缺乏个性。

2

停止对孩子说"听我的没错"。除了上述这类强硬的命令式语句外，爸爸妈妈有时还会自觉或不自觉地采用一些性质略微温和的命令。比如爸爸妈妈虽然对孩子的想法表示了理解，但却会用"听我的才是为你好""不按我说的做你肯定后悔"之类的话语来命令或威胁孩子，使孩子十分不情愿又找不到反驳的理由，最终不得不违心地按照爸爸妈妈的意愿行事，内心压抑的感觉可想而知。因此，这种温和的命令同样不可取，爸爸妈妈应当改变方式。

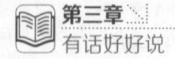
3

学会用有技巧性的话语代替命令。如果爸爸妈妈希望孩子能够去做某事，其实不一定非要通过命令的方式，而是可以用一些能够表现出尊重和平等的话语来让孩子产生动力。比如一位妈妈希望孩子在公共场合不要大声喧哗，原本想要命令孩子"马上闭嘴！不准说话"，但考虑到孩子的情感，就态度和蔼地对孩子说："请保持安静，你已经影响到周围很多人了。"孩子听到这样的话后，很快意识到自己行为的不妥，并自觉地停止了吵闹，而这就是用"请求"来代替"命令"所能达到的效果。

能别给我"贴标签"吗

有时候，爸爸妈妈可能会被孩子的一些行为激怒，在情急之下难免会将孩子的缺点放大，以至于为他们贴上了一个个"负面标签"来进行批评。像"调皮""不听话""笨蛋""多动症"等等都是一些爸爸妈妈常用的"标签"。可是这种"贴标签"式的教育，却会让孩子在不知不觉中受到很多负面暗示，会让他们觉得自己就是这样"差劲"的孩子。久而久之，他们的表现就会变得和标签内容一模一样。这种情况在心理学　　　　上也被称为"标签效应"。

为了避免"标签效应"影响孩子的成长，爸爸妈妈应当时刻提醒自己：不要轻易给孩子贴上各种负面标签。

1

不要轻易对孩子下"好"或"坏"的结论。孩子的可塑性是极强的。行为习惯、性格特点对孩子来说还远未定性，爸爸妈妈不能仅仅根据他们一时的表现就妄下结论，把他们说成是"好孩子""坏孩子""好学生""坏学生"等等，那样很容易让孩子自觉不自觉地趋同于爸爸妈妈为他们划定的标签类别，会限制了他们的心理自然地成长。

2

不要随意夸大孩子的过错或缺点。孩子都不会是完美无缺的，每个孩子

都会有各种各样的缺点，也经常会在生活中犯下不少过错，这都是非常正常的现象，爸爸妈妈不必过于紧张并放大孩子的过错进行"批判"。比如孩子出于天性比较调皮、好动，爸爸妈妈就可以想办法锻炼他们的专注力，而不是肆意夸大他们的问题，乱贴"多动症"之类的负面标签。

3

创造机会让孩子对自己"另眼相看"。如果孩子已经受到了负面标签的影响，错误行为愈演愈烈，爸爸妈妈不能急于责备他们，否则只会让情况更加恶化。爸爸妈妈应当想办法"撕下"孩子身上的负面标签，创造机会让孩子改变对自己的评价。比如爸爸妈妈曾给孩子贴上"小气"的标签，为了改变孩子对自己的认知，就可以经常让他主动和同学、朋友分享零食、玩具、课外书等。在孩子愿意进行分享时，爸爸妈妈再及时给予表扬，让孩子明白他自己可以成为一个大方的人，这样孩子就能逐渐摆脱负面标签的影响了。

▶ 这事我也有责任

毫不留情的批评、指责会让孩子感到羞愧、难过，有时也会让他们难以接受。为此，在批评孩子之前，爸爸妈妈不妨先来一番自我批评，如对孩子说："其实这事也不能全怪你……""我们也有责任……"等等。虽然只是简简单单的几句话语，却会让孩子的心一下子和爸爸妈妈拉近很多，孩子也会更乐意接受爸爸妈妈的批评。

当然，自我批评也不是随意进行的，爸爸妈妈还需要做好以下几点，才

能让孩子感动，并愿意效仿。

1

善于发现自己在教育方面存在的不足。在孩子出现各种问题的时候，爸爸妈妈不要急于批评他们，而是先进行自我审视，看看是不是因为自己在教育方面考虑不周或没有将一些工作做到位，影响了孩子的健康成长。比如平时由于工作太忙，疏忽了对孩子必要的管理和呵护，导致孩子没能养成好的学习和生活习惯；在教育孩子时容易情绪化，经常打骂让孩子失去了努力的信心；在批评孩子时不注意语言艺术，在无意之中伤害了孩子；等等。

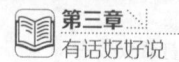
2

　　勇于承认错误，对孩子产生积极影响。在发现了自己存在的不足后，爸爸妈妈也要有在孩子面前承认错误的勇气。这一点可能会让一些爸爸妈妈感觉有些难堪，因为他们害怕会因此失去作为成年人的"面子"和尊严。可事实上，如果爸爸妈妈能够谦逊、坦诚地进行自我批评，反而更能赢得孩子的尊敬和爱戴，而这时爸爸妈妈再指出孩子的问题，孩子自然会欣然接受。不仅如此，孩子还能从爸爸妈妈身上学到负责任、有担当的良好品质，对他今后的发展也是很有好处的。

3

　　鼓励孩子学会自我批评，和孩子一起解决问题。爸爸妈妈还可以鼓励孩子也进行自我批评，这能让他们对自己身上存在的问题有更深刻的认识。之后爸爸妈妈可以和孩子一起来分析为什么会出现这样的问题，并想办法解决。在自我批评和分析、解决问题的过程中，孩子能够获得的进步是十分显著的，他们的分析能力、理解能力、承受能力等都会得到不同程度的提高，并能够不断从失败和挫折中汲取经验教训，变得越来越优秀。

▶ 你说这是为什么呢

　　孩子出现错误是难免的事情，但是爸爸妈妈为此大动肝火，采取连打带骂的教育却不可取，可能会让孩子产生羞辱感和抵触心理，这时孩子即使意识到自己犯了错，往往也不愿意主动承认。

　　因此，爸爸妈妈应当学会一些批评和引导的艺术，用巧妙的言语启发孩子

主动去反省自己的行为，并承认错误、做出补救措施，这样不仅能够让孩子思想认识更加深刻，也能照顾他们的自尊心，使他们不至于因此而受到伤害。

1

启发孩子从自己的角度重述事件经过。爸爸妈妈遇到孩子犯错误的时候，不要急于责骂，而是先耐心地问问他们："到底发生什么事情了？"然后要求孩子原原本本地将整个事件重述一遍，在这种全面回溯的过程中，孩子可以从自己的角度重新认识事件经过，并有可能自己发现一些不妥当的行为。而且爸爸妈妈也可以借由孩子的话语重新分析一遍问题，看看到底是不是孩子的责任，这样也能避免因为误会而对孩子进行了不必要的体罚、责骂。

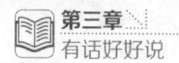
2

启发孩子表达自己对事件的看法和感想。在孩子重述事件之后，爸爸妈妈可以再问问他们："你对于这件事有什么看法？""经过这件事后，你有什么感想？"等等。孩子在回答这种问题时，能够将自己的情绪尽情表露，之后就会变得更加理智和客观，有可能意识到自己确实犯了错误。爸爸妈妈此时再顺势引导，他们就更加听得进去，也会愿意去做自我反省了。

3

启发孩子主动承认错误并进行补救。在孩子已经变得足够冷静之后，爸爸妈妈可以鼓励他们勇敢地承认错误，并对他们的勇气给予高度的评价，如对他们说："虽然这次你犯了错误，但勇于承认还是很难得的，在这一点上我要表扬你。"这样就能够让孩子清楚地认识到：犯错误并不可怕，只要能够有认错的态度，爸爸妈妈就还是会接受他们的。

此外，爸爸妈妈还要启发孩子对自己的错误进行"补救"。比如，可以让他们自己多想几个解决问题的办法，然后和他们一起挑选出最合理、最明智的办法去弥补他们犯下的错误。

不想当将军的学生不是好裁缝

在批评、教育孩子的时候，爸爸妈妈不一定总要采用严厉的语气、生硬的话语，也可以试着采用幽默的话语，化庄为谐。因为孩子的天性就是爱好有趣的事物的，幽默风趣的教育更加契合他们的天性，可以让他们摆脱在爸爸妈

妈面前的拘谨，让他们精神放松，而那些让他们不好接受的批评也会变得有趣、亲切，更容易被他们听进去。

1

用幽默化解孩子犯错后的尴尬。当孩子犯错或有什么地方做得不好时，爸爸妈妈可以用幽默的批评法来巧妙处理，不仅可以让家庭氛围变得更加轻松，也能保护孩子的自尊心，有助于让他学到一些幽默的特质。比如，一个考了倒数第一名的孩子带着惴惴不安的心情回家，结果爸爸并没有严肃地批评他，而是幽默地对他说："就凭咱俩这交情，你至少得考倒数第二。"孩子立刻被爸

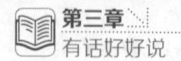
爸逗笑了，紧张害怕的情绪一扫而空。非常明显的是，这种幽默的教子方法要比疾声厉色的指责更受孩子欢迎。

2

借助生活环境"幽上一默"，打动孩子的心。爸爸妈妈要学会将幽默批评与孩子熟悉的生活场景相结合，这样的幽默更能打动孩子的心。比如一位妈妈看到孩子写的字过于宽大，将田字格挤得满满当当，十分难看。妈妈就幽默地批评道："你的字太胖了，该减肥了。"孩子被妈妈的幽默逗乐的同时，也意识到自己应该把字写小一些。像这样的幽默其实并不难做到，爸爸妈妈只要有心去捕捉生活中有趣的情节，就能创造出精彩的幽默，并让孩子受到有益的教育。

3

用幽默故事中蕴含的道理启发孩子。如果爸爸妈妈平素是一个比较严肃的人，一时之间学不会幽默教子技巧，那么也可以试试用一些现成的幽默素材来帮忙，比如一些幽默故事、幽默文章中也蕴含着丰富的道理，如果与教育孩子的情境相符，爸爸妈妈就可以适时引用，这样孩子既能够获得幽默的熏陶，也能够接受道理的启迪，而爸爸妈妈通过讲幽默故事，也会逐渐提高幽默的能力。

4

别把幽默当成了讽刺。爸爸妈妈还应当注意，幽默和讽刺是有区别的。讽刺是用比喻、夸张等手法，带着嘲笑的意味去批评孩子，比如"你的脑袋笨得像榆木疙瘩一样"就是一种讽刺性质的批评，会让孩子有一种被伤害的感觉。所以爸爸妈妈要避免讽刺、挖苦孩子，要学会真正的幽默，这样才能为教育带来快乐之源，让孩子能够在和谐的笑声中健康成长。

第四章
Chapter 4

冷静，再冷静

- hold 住，一定要 hold 住
- 我对你已经彻底失望了
- 停不了的猜忌心理
- 我不是僵尸，你也不是豌豆射手
- 先"冷处理"一下
- 懂得道歉，你还是好爸爸
- 我不是你的情绪"出气筒"
- 家庭就像 TVB，最重要的是开心

hold 住，一定要 hold 住

教育孩子并不是件轻松的事情，尤其是看到孩子犯错的时候，爸爸妈妈难免会非常生气，这几乎是一种本能的反应。但是爸爸妈妈如果肆意放纵自己的情绪，用打骂等方式来对待孩子，就只会让孩子形成不良心态，造成不可挽回的心理偏差，是非常不可取的。更何况有时孩子做错事并不是毫无理由的，爸爸妈妈不分青红皂白对他们发泄情绪，会让他们感到十分委屈，可能对爸爸妈妈产生怨恨。因此，爸爸妈妈在与孩子相处时一定要学会控制情绪。

② ①

妈妈真辛苦。

你先从厨房里出来吧。

你是想给妈妈做饭吃，对吗？以后妈妈教你怎么样？自己动手很不安全。

嗯！我一定好好学！

③ ④

以下这几个控制情绪的方法可以为爸爸妈妈提供一些参考：

1

通过自我暗示进行调节。在感到非常生气的时候，爸爸妈妈可以在心中默念"我要冷静些""不能随便发火""别吓着孩子"等语句，从而对自己形成一种有效的暗示，避免控制不住情绪而对孩子做出一些极端行为。待情绪有所平复后，爸爸妈妈可以不急不躁，冷静、理智地处理孩子的问题。

2

适当转移自己的注意力。在爸爸妈妈火气上涌时，如果将注意力一直集中在孩子的某些错误行为上，情况就会愈演愈烈，难免会因控制不住情绪而做出伤害孩子的事情，事后却又会因此后悔不已。为了避免发生这种情况，爸爸妈妈可以有意识地转移自己的注意力，比如在想要对孩子发火之前，先去倒杯水或者做一件别的事情，这样能够让紧张的情绪得到一定的缓解，"怒气值"也会有所降低。

3

学会让自己放松。爸爸妈妈如果一直处于精神紧张、身心疲惫的状态，是很难控制好自己的情绪的。所以平时一定要适当找机会让自己放松一下，比如可以和孩子一起饭后散步、郊游等等。在轻松愉快的环境下，爸爸妈妈的疲惫感、紧张感都能得到缓解，与孩子之间的关系也会更加密切，遇到一些不愉快的事情也就不会因为控制不住情绪而暴躁易怒了。

4

学一学"平心静气"三法则。美国心理学家欧廉·尤里斯教授提出了能使

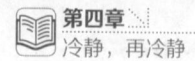

人平心静气的三法则："首先降低声音，继而放慢语速，最后胸部向前挺直。"爸爸妈妈不妨学着做一做，这样就能慢慢控制情绪，并真正冷静下来，之后才有可能彻底走入孩子的内心。而在这时，爸爸妈妈可能会发现孩子的那些令人生气的行为，其实并不是十恶不赦的。这样爸爸妈妈就可以在理解孩子的基础上，宽容其过错，既能够减轻孩子的负罪心理，也有助于释放爸爸妈妈的负面情绪。

我对你已经彻底失望了

有些爸爸妈妈对孩子的成长一度充满期待，用"望子成龙""望女成凤"来形容毫不夸张。可是当孩子的表现达不到爸爸妈妈的期待，让爸爸妈妈产生了严重的失望情绪之后，他们又会走向另一个极端：忽视孩子的成长，对孩子冷漠、仇视，出口就是刻薄的讽刺或辱骂。这种做法无疑会让孩子幼小的心灵遭受伤害，更有可能影响孩子的性格成长，形成冷漠孤僻的性格。

因此，爸爸妈妈应当学会管理自己的失望情绪，并合理调整对孩子的期待值。

1

在感觉失望时要学会静心思考。如果孩子的表现确实不尽如人意，爸爸妈妈也不要任由失望情绪滋长，而是静下心来分析这件事情。比如本节漫画的例子中，爸爸妈妈因为孩子成绩不佳而感到失望，其实用心思考就会发现爸爸妈妈担心的不是成绩本身而是孩子将来的发展，正是因为爸爸妈妈将孩子的未来与成绩完全挂钩才会出现这种失望。可是换个角度想一想，难道只有成绩好的孩子才能拥有成功与幸福的人生吗？答案当然是否定的。所以爸爸妈妈完全不必过度纠结于这个问题，更没有必要因为成绩问题就对孩子彻底失望。

2

在感觉失望时要寻找孩子的优点。当爸爸妈妈对孩子失望时，很容易不知不觉地用"有色眼镜"看人，觉得孩子身上到处都是毛病，对孩子"横挑鼻子竖挑眼"，这种态度对于孩子是很不公平的。事实上，就算是再顽劣的孩子也并非一无是处，爸爸妈妈要学会欣赏他们、喜爱他们，用心去寻找他们身上的闪光点，而不能因为他们某些地方表现得不理想就用"不可救药"之类的词语来为他们做评价。

3.

在感觉失望时为孩子做科学的评估。为了更好地控制失望情绪，爸爸妈妈可以试着对孩子的行为进行分级评估。比如爸爸妈妈对孩子"不爱干净"的行为感到失望，就可以在心中为孩子默默做个评估：将"讲卫生"分成若干等级，看看孩子的行为能够排在第几级。通常在这类评估中，爸爸妈妈就会发现，原来孩子的行为真得没有想象中那么严重，并未达到"不及格"的程度，所以完全不必"小题大做"地说"自己对孩子已经彻底失望"。

▶停不了的猜忌心理

在教育孩子的问题上，爸爸妈妈的猜忌心理对孩子的伤害是极大的。在猜忌心理的驱使下，爸爸妈妈整天疑心重重、无中生有，对孩子缺乏基本的信任，总觉得他们会"行差踏错"，习惯于把孩子身上出现的一些问题向最坏的方向想，进而更会因为自己发现的"蛛丝马迹"而对孩子打骂、训斥。这种做法会让孩子感觉时刻处于被监视的状态中，没有喘息的空间，而且孩子的自尊心也会受到爸爸妈妈无情的践踏，可能会引发很多情绪问题，严重时他们还有可能破罐破摔，变成真正的"问题孩子"。

为了避免猜忌造成的恶果，爸爸妈妈应当学会理性思维，防止感情用事对孩子造成伤害。

1

不要被猜忌的念头误导而形成错误的结论。猜忌心理严重的爸爸妈妈通常也会非常敏感，一旦发现一些可疑的"苗头"就容易陷入冲动的情绪中，然后胡思乱想，继而经过一些并不科学的分析、推理和判断，得出错误的结论，并以此去教育孩子，让孩子苦不堪言。为了减少这类情况发生，爸爸妈妈在心中有怀疑的念头萌芽时，就应当通过多方调查，然后根据事实做出科学的判断，而不应该任由主观臆想推断出错误结论。比如在本节漫画的例子中，爸爸妈妈怀疑孩子早恋，就应当从侧面调查一下孩子在学校的活动，并多听一听老师的意见，而不应当仅仅根据几篇日记就对孩子定下莫须有的罪名。

2

优化个人的心理品质。为了消除猜忌心理，爸爸妈妈平时也应当加强个人道德情操和品质的修养，比如可以多看看一些教育学家撰写的精品文章，以提高精神境界，拓宽胸怀，减少对孩子的不信任，同时也能够排遣心中的不良情绪，避免出现疑神疑鬼、捕风捉影、先入为主的情况。

3

就自己怀疑的问题与孩子开诚布公的交流。为了避免无谓的猜忌和误会，爸爸妈妈还可以就自己怀疑的问题，态度诚恳地与孩子交流。在交流的过程中，爸爸妈妈可以敞开心扉，将自己内心深处的不安告诉孩子，并可以真诚地请孩子理解自己的用心，这样孩子也会愿意和爸爸妈妈推心置腹地交谈，于是所有被怀疑的问题就可以获得"曝光"，隔阂和误会就能获得最大限度的消解。

我不是僵尸，你也不是豌豆射手

　　威廉·哥德法勃是美国著名的精神病学家，他曾提出："在教育孩子的过程当中，最重要的就是将孩子作为和自己一样在人格上平等的人，并给予孩子无限的爱。"然而，在现实生活中，却有少数爸爸妈妈对孩子怀有厌恶甚至是敌对情绪，在遇到问题时，他们习惯于将孩子放到自己的对立面，肆意对孩子展开语言、行为的"攻击"，让孩子感觉十分痛苦。与此同时，亲子关系也在不断恶化，时间长了，爸爸妈妈和孩子就变成了互不相容的"敌人"。

　　爸爸妈妈之所以会对自己的孩子产生这种不良情绪，主要还是因为对孩子的言行举止很不满意，但又不知如何纠正，久而久之，就会形成偏见，觉得孩子无论做什么都很讨厌，都让人"看不惯"。因此，想要纠正这种情绪也应当从消除偏见入手。

1

　　克制与孩子为敌的念头。有与孩子为敌的念头在头脑中出现的时候，爸爸妈妈一定要学会用理智来克制自己的情绪。这时千万不能急于对孩子发脾气，而是从理性的角度去分析问题。比如看到孩子在厨房中切菜，除了想到这样做不安全外，也应当考虑到孩子有参加家务劳动的积极态度，是有可取之处的。通过这样的分析，爸爸妈妈就能够克制住自己的怒火和敌意，不至于遇到一点小事都要对孩子打骂、指责了。

2

　　对待孩子不妨宽容一些。爸爸妈妈不要在心中为孩子设定过高的标准，这样只会影响自己对孩子的正确评价，有可能增加对孩子的敌意。事实上，孩子总是在不断发展和进步的，爸爸妈妈不妨对他们宽容一些，不要斤斤计较，即使他们会出现一些错误的言行，爸爸妈妈也要学着宽宏大量一点，可以合理教育，但不能将小毛小病夸大后果。

3

停止讽刺、挖苦孩子的行为。在心中带着敌意的时候，爸爸妈妈就可能会时不时地挖苦孩子一番，却没有考虑到这会让孩子受到多么严重的伤害，孩子会因此而变得冰冷，更有可能失去信心、放弃努力，成为平庸的人。与此同时，孩子还会因此学到不良的沟通方式，并会对爸爸妈妈产生敌对心理，这些在对他们构建人际关系时也会产生极为不良的影响。

4

在教育孩子时别忘了带上"同理心"。当爸爸妈妈看不惯孩子的所作所为时，先不要急着打骂、指责，而是应当用同理心去看待这件事情。比如看到孩子在玩手机，就勒令他马上停止，在他不同意时就勃然大怒。这时不妨用同理心设想一下，假如爸爸妈妈自己正在欣赏一部精彩的电影，却被人强迫终止，感觉肯定也是同样得难以接受。通过这样的设想，爸爸妈妈就能对孩子的心理有一定的了解，也就不会总觉得孩子的行为是那么难以接受了。

先"冷处理"一下

在爸爸妈妈因孩子表现不佳而情绪激动、想要用打骂的方式惩罚孩子的时候，不妨试一试"冷处理"的办法：暂时离开孩子，让自己和孩子都能够冷静一下，待情绪平静下来后再采用理性的方式商量和处理问题。这样不但能够避免因情绪失控而对孩子造成的伤害，还能够给孩子一个自我反省的机会，使得问题可以迎刃而解。

当然，冷处理想要取得理想的效果，还需要爸爸妈妈注意以下几点：

1

在冷落孩子的同时思考教育方式。爸爸妈妈应当始终牢记：情绪会干扰教育，越是情绪激动的时候，教育效果会越差。所以一定不要在着急上火的时候教育孩子，而是适当地冷落孩子一段时间。比如在美国的一些家庭，爸爸妈妈就常常会在盛怒之时采用"计时隔离"的办法，让孩子在安全的地方单独待上 3 分钟。在这 3 分钟的时间里，爸爸妈妈会尽量平息怒火，然后思考和组织最恰当的语言对孩子进行说服教育。孩子也可以利用这段时间冷静反思自己的

行为，并做好准备向爸爸妈妈道歉，因此"计时隔离"的办法经常能够收到比较理想的效果。

2

冷处理期间不能心软。有的爸爸妈妈能够接受"冷处理"的教育方式，但是在具体执行时往往会因为觉得孩子可怜而心软。有时孩子还没有认识到自己的错误，爸爸妈妈就急于去安慰他们，这会导致冷处理的办法无法奏效。事实上，孩子是非常善于观察的，如果他们发现爸爸妈妈并不是真正想要冷落自己，就难免会更加得意忘形，爸爸妈妈想要再次实施"冷处理"就会越发困难了。

3

注意区分"冷处理"和"冷暴力"。爸爸妈妈还应当注意到，"冷处理"与"冷暴力"是有很大区别的。"冷处理"要求爸爸妈妈在孩子真心认错后，及时改变对他们的态度，使他们能够感受到爸爸妈妈的接纳和关爱，更加愿意改正自己身上的缺点和问题。可"冷暴力"却是对孩子冷漠、不理不睬，哪怕孩子已经承认错误，爸爸妈妈依然对他们不依不饶，这样只会让孩子感到绝望、痛苦，对他们的成长毫无帮助。由此可见，爸爸妈妈在实施"冷处理"时，一定要注意把握合适的尺度，避免"冷处理"过头，变成了伤害孩子的"冷暴力"。

懂得道歉，你还是好爸爸

　　爸爸妈妈在与孩子相处的时候，难免会有没有了解清楚情况或没有控制好自己的情绪就随意发火，以至于伤害到孩子的情况。在这种时候，有的爸爸妈妈采取的应对办法是拒不低头、不肯道歉，因为他们觉得向孩子低头会有失自己的尊严和体面。可是这样做不但会伤害孩子的感情，还会让孩子从中学会掩盖错误、逃避责任。

　　因此，爸爸妈妈如果犯下了错误，应当勇于放下家长的架子，同时控制好情绪，诚心实意地向孩子道歉。

1

主动向孩子说声"对不起"。向孩子说"对不起"其实可能没有爸爸妈妈想象中的那么困难，只要爸爸妈妈能够认真反思自己的所作所为，把自己内心的愧疚说出来，那么孩子不但不会因此轻视爸爸妈妈，还会受到感动。孩子也会对爸爸妈妈知错就改的行为产生很多好感，并会进行模仿，在无形中培养了孩子为人正直、负责任的好品德。

2

向孩子道歉态度也要诚恳。爸爸妈妈不能因为道歉的对象是心智还未完全发育成熟的孩子，就态度敷衍。应当明确地向孩子讲清楚，自己是因为什么道歉，如"没有控制好情绪""不分青红皂白乱骂人"等等，并一定要态度诚恳地请求孩子的原谅。在道歉的时候，爸爸妈妈还应注意，不要随意为自己找借口，比如用"对不起，不过我这么做是有原因的……"这样的句型来向孩子道歉，这会让孩子觉得爸爸妈妈缺乏诚意，所谓的道歉也不过只是些表面功夫。

3

不要主动要求孩子的原谅。爸爸妈妈在向孩子道歉后，不要主动要求他们马上原谅。因为这时孩子可能还处于委屈、愤懑的情绪中，要求他们原谅爸爸妈妈的错误无疑是强人所难。所以爸爸妈妈可以等待一段时间，让孩子自主做出原谅的决定，这样他的情绪才能得到自然的排解。另外，爸爸妈妈还可以给孩子一个机会发泄不满，让他们表达一下心中的抱怨，这样孩子的心情就会变得舒服很多，也会愿意主动原谅爸爸妈妈了。

我不是你的情绪"出气筒"

爸爸妈妈每天忙于工作、生活，可能不时会遇到一些不如意的事情，并会因此导致负面情绪滋长。有的时候爸爸妈妈控制不住情绪，就会迁怒于孩子，对孩子随意打骂、训斥，让他们成了负面情绪的"出气筒""垃圾箱"，事后爸爸妈妈却又会感觉心痛、后悔，会加倍给孩子一些物质方面的补偿。可是这样的做法，并不能够减少孩子在情感方面受到的伤害，而且还可能会让孩子受到爸爸妈妈的情绪影响而变得喜怒无常。

因此，爸爸妈妈一定要注意不要带着情绪去教育孩子，更不能迁怒于无辜的孩子。

1

将工作、生活中遇到的问题与教育孩子分开。爸爸妈妈不要将不愉快的事情带入孩子的教育中，比如在工作中遭到上级的批评，在生活中与其他家庭成员争吵，等等，都不能够成为迁怒于孩子的理由。如果爸爸妈妈确实感到心情很差，也可以暂时先不与孩子接触，找个安静的地方独自呆一会儿，或是将心中的苦楚向朋友、亲人倾诉，等到心情平复后再去教育孩子，以免在冲动之下将坏情绪发泄到了孩子身上。

2

在准备对孩子发脾气前多考虑他们的感受。在爸爸妈妈情绪不佳的时候，可能很希望不被孩子打搅，但孩子毕竟是孩子，他们可能还没有学会察言观色，常常会在爸爸妈妈心烦意乱的时候来"找麻烦"。对此，爸爸妈妈应当给予一定的谅解和宽容，要考虑到孩子渴望陪伴、渴望尊重、渴望理解的感受，然后尽量满足他们的要求，而不要严厉地打骂、指责他们，以至于在他们的心灵留下深刻的阴影。

3

在无意中迁怒孩子后要及时做好解释工作。爸爸妈妈迁怒于孩子，会让孩子感觉非常委屈，有时他们还会对自己产生错误的评价，觉得都是因为自己表现不好或做得不对才会让爸爸妈妈生气、发火。对此，爸爸妈妈应当及时"补救"，可以向孩子解释一番，告诉他们自己是因为与他无关的某事而发火，同时还要为自己胡乱迁怒的行为郑重地向孩子道歉，并请求他们的原谅。这样孩子就能够对爸爸妈妈的心情有所理解，也不会长久陷入不安、自卑的心理状态中了。

家庭就像 TVB，最重要的是开心

TVB（香港无线电视台，出品过大量经典剧集）有句脍炙人口的台词："最重要的就是开心。"这句台词用在家庭教育上同样合适。也就是说，爸爸妈妈要注意控制好自己的情绪，改变打骂、唠叨的教育方法，从而在家中塑造开心、和谐的氛围，这对于孩子的身心发展能够起到积极的作用。

具体来看，想要创造这种良好的家庭情绪氛围可以从以下几点做起：

1

冷静地处理家庭教育中遇到的问题。在很多家庭中存在爸爸妈妈控制不住情绪，对孩子随意打骂的现象，这种情况是不可取的。爸爸妈妈应当和孩子建立平等、和谐的关系，孩子有了缺点、错误，爸爸妈妈要做到理性分析、宽容对待、冷静处理，不要随意打骂，而应尽量讲道理纠正。这样爸爸妈妈能够将健康的心理状态传递给孩子，同时也能够获得孩子的尊重和信任，孩子也会愿意将自己的想法向爸爸妈妈倾诉，家庭教育也才能够顺利地进行。

2

"民主"处理与孩子有关系的事务。在家庭内部，爸爸妈妈要尽量保持耐心，在处理与孩子有关系的事务不要表现得焦躁、急促、不耐烦，有的时候完全可以耐心征求一下孩子的意见，然后按照"少数服从多数"的原则做决定。这种"民主"的做法也能够让孩子感觉受到了尊重，而且也能让他们变得快乐、自信、积极，对于他们将来的情绪发展和性格发育很有帮助。

3

多花一些时间与孩子相处。由于工作、生活节奏紧张，不少爸爸妈妈与孩子相处的时间越来越有限，对孩子的成长情况、心理变化疏于了解，容易形成心里隔阂，也会影响家庭和谐。对此爸爸妈妈应当引起重视，平时不管再忙再累，也要抽出一定的时间来了解孩子的近况，耐心听他们说说遇到的困难、挫折，并帮助他们想出对策一起渡过难关，这样有助于拉近亲子间的距离，让家庭情绪氛围变得更加开心、融洽。

4

打造无话不谈的家庭氛围。家庭成员之间的话题应当丰富、有趣一些，不要总是集中在孩子的学习问题上。爸爸妈妈可以试着与孩子探讨一些有意思的话题，如社会事件、娱乐新闻、身边趣事等等，这样不但能够锻炼孩子的沟通能力、思考能力，还能够让家庭情绪氛围变得更加融洽、和睦，让孩子愿意对爸爸妈妈敞开心扉。

需要提醒的是，爸爸妈妈在与孩子沟通时要多选择健康、正面的话题，避免一些可能对孩子造成负面影响的话题。同时，对于社会上的一些不正之风，爸爸妈妈要帮助孩子进行客观的分析、判断，不要受到错误言行的误导。

第五章
Chapter 5

给你点阳光就灿烂

- 你大点声，不费电
- 是金子总会发光的
- 说句夸奖的话能有多难
- 其实你就是那只断了翅膀的天使
- 别说，还真有帕瓦罗蒂的潜质
- 来，给你张去游乐园的白条
- 你做题的水准是国家级的
- 表扬是糖，多给就不甜了
- 只奖励物质，再多也不够
- 你就是放错了地方的宝贵资源

你大点声，不费电

教育专家提出这样的育子理念："没有不合格的孩子，只有不合格的家长。"爸爸妈妈对孩子采取什么样的教育方法，就极有可能培养出来什么样的孩子。当孩子表现出欠缺勇气时，爸爸妈妈打骂、嘲讽、责怪，只会加重他们的胆怯、畏难心理；相反，如果爸爸妈妈能够给予孩子一些鼓励与赞许，他们就会逐渐克服这些心理上的负担，变得自信勇敢起来。

1

抓住鼓励孩子的最好时机。在孩子遇到困难或挑战，感觉缺乏勇气的时候，

爸爸妈妈应当抓住时机对他们进行鼓励，能够帮助他们激发斗志，去战胜困难和挑战，同时也能够让他们增强自信心，变得更加积极、勇敢。比如孩子想要参加比赛却表现得非常胆怯的时候，就是爸爸妈妈对他们进行鼓励的一个大好时机。爸爸妈妈千万不要在这种时候用言语对他们进行打击，如说他们"胆子真小""真没出息"等等，而是应当帮助他们一起练习，然后鼓励他们大胆去面对挑战。

2

抓住孩子的优点、特长进行鼓励。孩子缺乏自信主要是因为对自己不能做出正确的评价，只看到自己身上的缺点，却找不到闪光点。为此，爸爸妈妈可以借助鼓励来改变孩子的这种心态，帮助他们发现自己的优点和特长，从而调动他们的积极性，激发他们的自尊心和上进心。比如孩子在学习方面虽然有一定欠缺，但平时待人礼貌、温文尔雅，而且非常诚实、孝顺等等，这些都可以成为爸爸妈妈进行鼓励的出发点。

3

对孩子的梦想表示支持。孩子有梦想是一件非常值得鼓励的事情，爸爸妈妈应当提供力所能及的支持。哪怕孩子的梦想听上去有些不切实际，爸爸妈妈也不要因此去打击他们，说一些"我看你是异想天开"这样的话语，这只会让孩子的自信心受到打击。相反，如果爸爸妈妈能够支持孩子做他梦想去做的事情，让他们认识到自己的才干和能力，他们就会变得更有自信，更加积极。

4

多对孩子做出的努力进行鼓励。爸爸妈妈在鼓励孩子时，还可以将重心放在他们付出的主观努力方面，而不要放在他们的天赋以及最后的结果上，比如可以这样鼓励孩子："我知道你为这件事付出了很多汗水，我很满意。"这样孩子

也会更加看重努力的价值，会愿意发挥自己的主观能动性，而不会因为天赋不佳、结果不如意就变得不够自信。

是金子总会发光的

在努力没能获得回报的时候，孩子的心情肯定是非常沮丧和难过的，对于他们的情绪低落状态爸爸妈妈要给予充分的理解，不要总是习惯性地站在自身的立场上去衡量孩子承受的压力和烦恼，觉得和成年人经历的一切相比，孩

子的很多问题不过都是"自找没趣"，过不了多久就会自愈。可事实上，情绪低落对身心健康会产生很多不利影响，而且也会干扰孩子正常的生活和学习，所以爸爸妈妈不能忽视帮助孩子进行心情调节。

造成孩子情绪低落的原因很多，比如一次考试成绩不佳带来的失败感，被教师批评后闷闷不乐，和朋友有矛盾心情不好，等等。一旦爸爸妈妈发现孩子出现这类情绪异常，就应当多对他们进行鼓励、安慰，以帮助他们尽快走出情绪的低谷。

1

换位思考，理解孩子的低落情绪。在很多爸爸妈妈的眼里，孩子遭受的失败可能都不算什么，也就很难真正感受到孩子不好的心情。有些爸爸妈妈由于对孩子没有耐心，还会拿出自己的经历与孩子相提并论，并嘲讽、指责孩子"承受力差""不中用"等，结果让孩子的心情更加低落。事实上，爸爸妈妈和孩子对于失败的看法可能存在较大差异，这是由两者截然不同的生活体验导致的，在爸爸妈妈眼中的"无所谓"，有可能是孩子的整个世界。因此，面对有低落情绪的孩子，爸爸妈妈不要觉得没什么，更不要唠叨、指责，而是要先从心理角度上理解孩子，这样在鼓励他们时才能做到情真意切。

2

鼓励方式要恰当，以转移注意力为主。在孩子因为某些事情出现低落、沮丧的情况时，爸爸妈妈应当想办法将他们的注意力从纠结当前的事情中转移开，让他们去做一些比较擅长的事情，体验成就感，然后再带着积极的情绪去鼓励他们，使他们看到自己的实力，了解到"是金子总会发光的"的道理，从而暂时冲淡挫折感，变得愉悦、积极起来。这种鼓励方式要比直接提醒孩子看到自己身上的优点更有说服力。

3

鼓励孩子不要放弃希望。在孩子心情低落的时候，爸爸妈妈还要鼓励他们不要放弃希望，不能就此沉沦、颓废，而应当尽快调整好自己的状态，勇敢地接受和面对现实。孩子一旦学会主动接受现实，就意味着他们已经开始尝试改变自己，这就是一个非常好的起点。之后，爸爸妈妈可以鼓励他们调整心态，精心规划，向着下一个目标积极迈进。

说句夸奖的话能有多难

　　每个人都需要夸奖，孩子也不例外。爸爸妈妈给予他们一句真诚的夸奖，可以提升他们的自信心，让他们的心中充满快乐和自豪，使他们能够充满干劲地继续努力，并不断取得进步。可是在现实生活中，很多爸爸妈妈却常常会忽略这一点，总是喜欢挑剔孩子身上的问题，却吝于说出一句夸奖的话，这对于他们的健康成长无疑是非常不利的。

　　那么，爸爸妈妈应该如何正确地夸奖孩子呢？

1

　　在孩子表现出良好品格时夸奖他们。在孩子成长的过程中，爸爸妈妈要学会拥有一双善于发现的眼睛，在他们表现出诚实、善良、谦虚、宽容等种种良好的品质时，要注意及时给予他们真诚的夸奖，使他们也能够认识到自己的行为是正确的、是值得赞许的，之后他们就会信心百倍地坚持这样做，从而逐渐成长为一个具备优秀品质、受人欢迎和尊重的人。

2

　　在孩子付出努力后夸奖他们。爸爸妈妈要肯定孩子勤奋努力的精神，如果他们愿意为达到某个目标而付出努力，就应当对他们的行为进行夸奖。哪怕结果不一定完美，但爸爸妈妈的夸奖会让他们受到激励，他们会感觉自己的努力并没有白费，之后也会愿意付出更多的努力。就像本节漫画中，孩子虽然没有把地扫干净，但她愿意分担家务，愿意付出努力，这本身就值得妈妈的夸奖，可遗憾的是妈妈却浪费了这个教育孩子的好机会，还用冷言冷语打击了孩子的积极性，这种教育方法是很不可取的。

3

　　在孩子取得进步时夸奖她。当孩子掌握新的知识、新的技能，取得了一些进步时，爸爸妈妈就要抓住这个良好时机夸奖他们，肯定他们的学习精神，

这样能够推动他们学习更多的知识，获得更多提升。此外，爸爸妈妈还要注意，在孩子遇到挫折而不够自信的时候，也可以抓住他们的一些微小的进步对他们进行夸奖，让他们能够摆脱失望、沮丧的情绪，变得更加积极向上。

▶ 其实你就是那只断了翅膀的天使

著名童话作家郑渊洁曾说过："每个孩子都是天使，关键在于我们怎样培养教育他们。正确的教育方式是发现孩子的长处，鼓励他能行。"尤其是在孩子遭遇重大挫折时，爸爸妈妈及时的鼓励，能够帮助他们重拾信心，帮助他们消除受挫后的情绪反应——消极、抑郁、愤怒等。

为此，爸爸妈妈可以从以下几点做起，让"断翅的天使"（遭遇挫折的孩子）尽快走出阴影：

1

帮助孩子正确认识挫折与失败。要正确认识挫折与失败，并不是一件容易的事情，特别是对于人生经历还很不丰富的孩子来说，想要正确和清醒地认识挫折与失败就更加困难了。这时就需要爸爸妈妈帮忙点拨，并进行鼓励。比如，爸爸妈妈可以告诉孩子挫折与失败是生活的组成部分，每一个人都可能遇到，不可能完全规避。不过挫折与失败也可以成为一种磨炼，可以让人变得更加坚强。有很多成功人士都有过自己坎坷的经历，但他们不灰心、不低头，最终取得了巨大的成就。经过爸爸妈妈这样的分析和鼓励后，孩子就不会因为遇到挫折而惊慌失措、痛苦绝望，会有足够的勇气去正视挫折了。

2

及时对孩子进行情绪安抚和积极的心理暗示。孩子在遭受困难挫折时更需要爸爸妈妈爱的鼓励，希望能够获得最亲近的人在精神上的宽慰。所以爸爸妈妈要注意满足他们的这种心理需求，对待孩子失落的情绪时，要以抚慰为主，并注意唤醒孩子之前的成功体验记忆，同时以发展的眼光告诉孩子，这不过是漫长成长过程当中的一次小小失败，只要他们能够吸取教训、总结经验，就有可能做得更好，因此无须为此自责。

3

用自己的亲身经历引导孩子。孩子有时感觉难以承受挫折和失败，并会陷入长时间的痛苦中。造成这种情况的一部分原因是他们的认知水平还比较有限，因此无法跳出这个局限用更深远的眼光看待挫折与失败。为了鼓励孩子战胜挫折，爸爸妈妈不妨将自己在与孩子同样年龄的时候遭遇的一些失败经历说出来，与孩子分享，告诉孩子即使在他们眼中强大到无所不能的父母，也有经受挫折而难过的时候。这会让孩子感觉亲切、真实，爸爸妈妈再顺势鼓励他们，他们也就更容易接受了。

4

客观理性对待，不夸大孩子的长处。爸爸妈妈在对孩子进行鼓励、宽慰的时候，要做到全面客观，既要弱化挫败感对孩子的打击，客观指出问题出在了哪里，同时也要把握好宽慰的尺度，不要为了鼓励孩子而刻意强加优势给孩子，这会让孩子信以为真。一旦孩子在今后的实践当中发现自己并没有爸爸妈妈夸大的优点时，挫败感就有可能更加强烈，爸爸妈妈的挫折教育就会得不偿失了。

▶ 别说，还真有帕瓦罗蒂的潜质

在健康的亲子关系当中，孩子对爸爸妈妈的话往往是深信不疑的，如果生命当中最重要的人告诉自己能够做到某事，那么即使孩子的能力有所欠缺，他们也会不断努力来提升自己，并从这个过程当中收获成长的喜悦。

为此，爸爸妈妈应当学会用欣赏的眼光去看待自己的孩子，将自己发现的孩子身上的优点及时地告诉他们，促使他们在快乐中不断进步。

1

以发现的目光欣赏孩子。俗话说："世界上没有两片相同的树叶。"同样，孩子也有各自不同的天赋、品性、特质，爸爸妈妈应当用发现"美"的目光，带着爱意去观察自己的孩子，这样就能发现孩子身上的很多优点。然后，爸爸妈妈就可以从这些优点出发，对孩子进行赞美、鼓励，帮助他们树立起信心，使他们能够充分施展才干，获得飞速的发展。

2

适当放大孩子的优点。为了给孩子提供更多的"助推力"，爸爸妈妈不妨适当放大他们的优点，即对他们身上小小的优点给予较大的夸赞，使他们能够获得惊喜，得到激励。像本节漫画中的妈妈用"帕瓦罗蒂"（世界著名三大男高音之一）来夸赞自己的孩子，让孩子相信自己是优秀的，继而能够鼓足勇气去发扬自己的优点和长处。当然，爸爸妈妈在放大优点的同时也要注意把握好频率和程度，不要将欣赏和赞美孩子的优点变成了盲目的吹嘘，这样可能会让孩子迷失自我，变得过分骄傲而不思进取。

3

重视发挥孩子的潜能。教育学家普遍认为，孩子天赋的差异虽然有限，但生命的潜能却是无限的。奥地利心理学和精神分析学家弗洛伊德也曾这样说过："人人身上都蕴藏着无限大的潜能，有意识用在工作、学习的能量不到总能量的 59%。有 41% 的能量没有被发挥出来，它被深深埋藏在我们体内。"而爸爸妈妈要做的，就是用欣赏的眼光给予孩子有益的引导，使他们能够激发出这些潜在的能量，并向着自己潜在的优势方向前进和进步。

▶ 来，给你张去游乐园的白条

教育实践当中，比打骂、唠叨更有效的是，爸爸妈妈要学会为孩子刻意制造一些"期望"。这些期望可以是孩子平时喜欢做的事情或希望能够得到的物品等等，爸爸妈妈用它们来吸引和鼓励孩子，激发孩子的积极性，使他们感

觉"有了奔头",也愿意为此付出更多的努力。

不过,爸爸妈妈用这种方法激励孩子时还需要注意以下几点,才能取得理想的效果:

1

从孩子最迫切的需求入手。每个孩子都有自己最迫切的需求,爸爸妈妈可以用心去琢磨,找到最能够吸引他们的东西,从而能够紧紧抓住他们心理上的"兴奋点",促进他们的发展和进步。比如一个孩子希望拥有自己的轮滑鞋,爸爸妈妈许诺他:如果在一定时段内表现良好,就可以带他去参加轮滑训练班,并会给他添置一整套轮滑装备。孩子为了实现自己的小小愿望,果然遵守约定,

严格要求自己的行为，最终取得了很大的进步。

2

引入"看得见"的激励方式。爸爸妈妈在和孩子约定好完成某个目标可以得到某种奖励后，还要注意引入一些看得见的激励方式，这样孩子就能够获得持久的动力，而不会因为坚持不下去导致半途而废。比如，爸爸妈妈约好孩子一段时间学习成绩有进步就可以去海洋公园游玩。爸爸妈妈可以在家中设一个奖励榜，其间，孩子获得一次小的进步，就奖一朵红花或计"1分"，当红花数或分数达到"10"就可以去公园，以此来激励孩子，效果就会更好。

3

与孩子约定好后要"言而有信"。爸爸妈妈一旦向孩子做出了某种美好的期待和承诺后，就一定要做到言而有信。遗憾的是，很多爸爸妈妈在现实生活中并没有信守承诺的意识，仅凭借一张"空头支票"调动起孩子进步的动力，却很少有兑现的时候。这种行为容易引起孩子失望、沮丧，有可能使他们彻底丧失遵守约定的热情。并且孩子也会对爸爸妈妈的言而无信感到非常反感，更会对爸爸妈妈的权威性产生质疑，严重时他们甚至不会再相信爸爸妈妈，亲子关系的和谐性也会遭到破坏。

因此，爸爸妈妈必须明确一点：适当地对孩子感兴趣的事情做出承诺，用来调动孩子的积极性是一种高明的教育方法，但千万不要忘记自己的承诺，不能为了暂时达到某种目的而欺骗孩子，否则将会得不偿失。

你做题的水准是国家级的

为人父母者无不希望孩子能够不断进步，成就更好的自己。于是，爸爸妈妈常常摆出一副严肃的面孔来责备、教训孩子，希望孩子能够得到一种鞭策。可是，爸爸妈妈却忽略了赞美的力量，对于自制能力、内在动力较差的孩子来说，赞美能够激发他们心中强烈的进取心，强化他们产生良好行为的动机，有助于帮助他们形成良好的行为习惯和心理定势。因此，很多教育专家都提倡爸爸妈妈应当对孩子进行适当的赞美，这对于他们的成长有着莫大的好处。

1

给予孩子及时的赞美。赞美是爸爸妈妈对孩子良好行为的一种回馈，而回馈必须及时才能更好地发挥作用。赞美得太晚，事过境迁，赞美就没有太大的作用了。所以，爸爸妈妈不要拘泥于孩子获得非常显著的成绩后才对他进行赞美，而应当在孩子实现了一个小目标，或在之前的基础上有所提升时，就应当及时赞美孩子的用心和付出，这样才能带给孩子满意和愉快的情绪体验，可以促使他们保持这种行为并继续努力。

2

赞美的话语要足够真诚。赞美孩子的时候爸爸妈妈所说的话必须发自内心，是对孩子表现出来的优秀之处进行由衷的赞美，所赞美的内容也应当是确实存在的，不是爸爸妈妈为了让孩子高兴而刻意编造出来的，这样赞美孩子才能获得他们的信服。如果爸爸妈妈只是为了敷衍而赞美，敏感的孩子就会感觉到爸爸妈妈的言不由衷，赞美也就不可能达到预想的激励效果。

3

赞美的态度要有感染力。爸爸妈妈在赞美孩子的时候态度一定要非常认真，可以用双眼直视孩子的双眼，让孩子感觉到自己的重要性。同时语气不妨略微"激动"一些，并加上表示赞美的"竖大拇指""鼓掌"之类的手势，这样在表达赞美之情时就会更加富有感染力，能够让孩子深受触动，并会欣然接受爸爸妈妈的赞美。

4

可以当众赞美孩子。孩子也有很强的自尊心，特别是在有外人在场时，他们的自尊心会表现得更加敏感。爸爸妈妈如果能够当众赞美孩子，会让他们的自尊心得到极大的满足，也会促使他们向着更好的方向努力发展。遗憾的是，为数不少的爸爸妈妈由于习惯性的自谦，会在外人面前说些自己孩子表现不佳的话语。此时爸爸妈妈不过是想说些客套话，可孩子听在耳中却会信以为真，会认为爸爸妈妈是在当众贬低自己，这会在孩子心中留下不小的创伤，所以爸爸妈妈一定要注意避免这种行为。

表扬是糖，多给就不甜了

乖孩子，真懂事！

妈妈，一会儿吃完了，我还帮你洗碗！

② 咱家宝贝都知道帮我洗碗了呢！

① 宝贝长大了，都知道帮父母分担家务了！

妈妈加班，不能一起吃晚饭。

好吧……

她昨天就很不想洗，难道是因为我没及时表扬吗？

妈妈，我来帮你洗碗吧！

③ 给你个表现的机会，我洗锅，你洗碗。

④ 今天我喊宝贝洗碗，她一脸的不高兴，说再也不洗了。

德国教育家卡尔·威特说过："我们不能让孩子在受责备的环境中成长，但是也不能让他们整天泡在赞美里。"由此可见，过多表扬、赞美是有很多负面影响的。

父母过多赞美孩子，时间久了，孩子就可能越来越依赖这种教育方式，每当做了一点点小事就希望获得表扬和肯定，否则就不肯再做。这样一来，孩子做事的目的就成了取悦爸爸妈妈以换取赞美，而不是因为自己想做或者是喜欢做。

不仅如此，得到太多表扬和赞美的孩子，难免也会变得骄傲自满起来，他们会听不进去任何的批评与否定，哪怕批评确实指出了他们身上存在的问题，也难获得他们的认可，所以这样的孩子是很难获得持续进步的。

因此，爸爸妈妈应当把握表扬和赞美的分寸，做到适可而止。

1

表扬和赞美的话语不可滥用。常言道："过犹不及。"对孩子表扬和赞美也是同理，最初孩子听到表扬的话，可能会非常激动和欣喜，并会为之付出更多的努力。可要是爸爸妈妈将表扬的话说个没完，无论孩子做什么事都大惊小怪地大肆表扬，孩子就会逐渐"麻木"，甚至还会感觉不太舒服，这就是滥用表扬的结果。所以爸爸妈妈要注意将表扬和赞美的话说得精准，在关键的时候说，这样才能让表扬和赞美在孩子心中的价值获得提升。

2

不要对同一件事重复表扬。孩子经过努力做出了成绩，或者达到了某种目标，确实应该得到爸爸妈妈的表扬和赞美。可要是爸爸妈妈揪住这件事情不放，一直重复赞美，就可能让孩子感觉困惑。一方面他们会对重复性的表扬和赞美产生"审美疲劳"；另一方面，孩子也容易变得故步自封，即只满足于目前已经取得的成绩，却失去了向更高目标进取的动力。所以爸爸妈妈应当注意在日常生活中，同一件事情不要重复表扬。

3

根据孩子的特点选择最适合的表扬方法。表扬和赞美的方法应当根据孩子的年龄、性格、接受能力而定，像在孩子幼年期适用的表扬方法，在孩子逐渐成长之后就不一定合适，甚至还会引起孩子的反感。比如一位妈妈为了表扬自己上中学的孩子，特意在他的书包上用大红色丝带绑了个十分夸张的蝴蝶结，这种表扬方法对于幼儿园的小朋友是比较适合的，可对于审美能力日渐成熟的中学生，就显得有些"不合时宜"了，还会让孩子在同学面前感觉非常尴尬。由此可见，爸爸妈妈在表扬孩子时一定要考虑全面，不能想当然地觉得孩子会喜欢就去做某事。否则，即便是出于一番好意，孩子也未必会领情。

4

表扬和批评的教育手段缺一不可。表扬和赞美的教育手段对孩子的进步非常重要，但是适度的批评也不能缺少，爸爸妈妈可以斟酌情况，巧妙运用这两种手段。比如在孩子表现较好的时候，用表扬和赞美"锦上添花"，提高他们的积极性；在他们的思想、行为出现偏差时，再及时给予适度的批评。只有这样，才能让表扬不会过度，同时也能促进孩子的健康成长。

▶ 只奖励物质，再多也不够

奖励是一种很好的激励孩子的方法，是爸爸妈妈对他们所取得的成绩给予的一种肯定，可以让他们提高自觉性、主动性、积极性，从而能够取得更大的进步。不过，爸爸妈妈也应当注意到，奖励并非越多越好，那种只注重物质奖励，忽略精神方面的奖励，不但无法起到教育孩子的目的，反而还会产生反作用，阻碍孩子发展和进步。

1

过多物质奖励会让孩子丧失努力的动力。爸爸妈妈有时会向孩子提出具体的目标，并进行奖励，比如完成作业能够得到什么，读完几篇课文能够得到什么，等等，这样做固然会激励孩子努力去实现目标，但也会造成孩子为了实现目标而投机取巧的现象。比如爸爸妈妈在孩子完成"写10篇日记"任务后发给了一定的物质奖励，下次孩子为了更快得到奖励就有可能在写日记时草草了事、随意敷衍，这种只重数量、不重质量的做法并不能够让孩子获得真正的提高，奖励也就失去了应有的意义。

2

过多物质奖励会让孩子的注意力发生转移。过多的物质奖励还会让孩子将注意力从正在完成的事情上转移到奖励本身。他们有可能会错误地将自己的行为当成是获得奖励的"筹码"，进而会把自己所有的努力都看成是和爸爸妈妈的"交易"，因而会变得非常功利，爸爸妈妈也会发现他们的"胃口"越来越大，越来越难满足。如果某一天爸爸妈妈不愿意再提供相应的奖励，孩子就会马上放弃一切努力，这种教育方式只会让孩子距离爸爸妈妈的培养目标越来越远。

3

过多物质奖励有可能培养出"拜金主义"的孩子。爸爸妈妈如果习惯用物质奖励来激励孩子，就难免会让孩子养成"物质第一、金钱第一"的错误价值观，使得他们在衡量和判断是非对错时一切从金钱和物质出发，从而变得浅薄、庸俗、是非不分，更有可能在影响到他们今后的为人处世，严重时后果不堪设想。

由此可见，爸爸妈妈想要激励孩子，就不应当盲目滥用物质奖励，而是应当尽量采用精神奖励，比如用鼓励和表扬的话语作为奖励，用满意的微笑、真诚的拥抱、热烈的鼓掌等行为作为奖励，用各种荣誉"标签"如小红花、五角星等作为奖励，等等。这些无形的奖励能够带给孩子精神上的满足，使他们感受到来自爸爸妈妈的爱与呵护，所以往往往会比单纯的物质奖励更加有效。

▶ 你就是放错了地方的宝贵资源

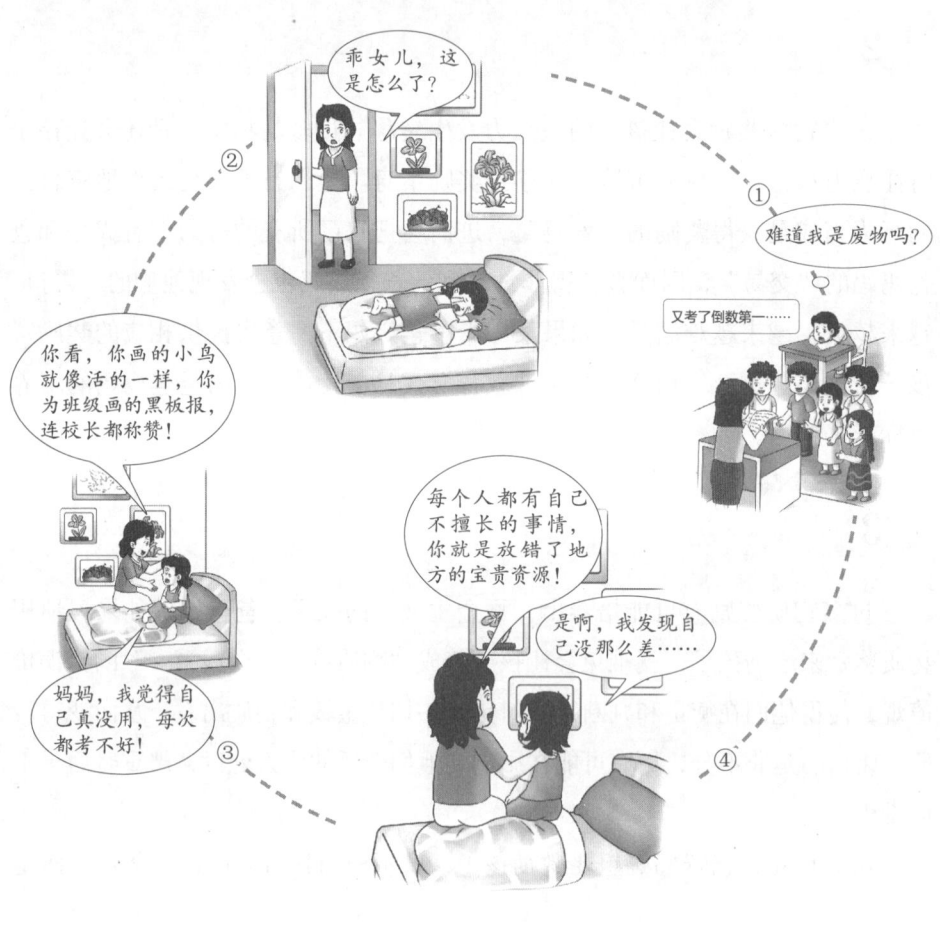

爸爸妈妈们都渴望孩子能够拥有战胜一切的积极良好心态，并表现得勇敢自信。但是，一些孩子的表现并不总是阳光向上的，自卑心理的存在让他们难以成长为爸爸妈妈期望的样子，并且过度自卑还会影响孩子的心理健康，让他们变得敏感、脆弱，过分怀疑自己的能力，觉得自己的某些方面或者所有地方都没有别人做得好。长此以往，他们还会养成逃避现状、放弃努力的习惯。在这种时候，爸爸妈妈一定要及时帮助他们消除自卑心理，让他们能够重新找回自信，坚定地相信自己也有宝贵的价值。

1

帮助孩子发泄。孩子陷入自卑当中，单凭自己很难找到提升自我肯定的突破口。此时如果爸爸妈妈对他们打骂、斥责，会让他们受到更大压力，情绪会更加恶化。爸爸妈妈要做好安抚工作，倾听孩子心中的烦扰，让孩子将不良情绪宣泄出来，并及时发现孩子的其他情绪问题。同时还要用客观的语言告诉他们，很多极端的想法都是没有必要的，事实其实并非他们想象得那么糟糕。在安抚孩子的时候，爸爸妈妈如果能够采用温暖的、肯定的、富有感染力的话语，就能让孩子慢慢转变思考方式，逐渐摆脱自卑的阴影。

2

引导孩子形成积极的自我概念。所谓积极的自我概念就是要让孩子从认为"我不行""我很差劲"，到相信"我能行""我也有闪光点"，而要做到这一点，就需要爸爸妈妈在孩子遭遇挫折试图放弃的时候，不要对他们进行指责或抱怨，而是要多说一些诸如"你能行""你能做到"这样的话语，并且态度一定要坚定，以便将一种积极的力量传递给孩子，使他们能够从自我否定和自我怀疑中挣脱出来，开始认真地为了改变现状而努力。

3

帮助孩子找到解决问题的办法。并不是每个导致孩子自卑的原因都可以依靠他们自己的力量顺利找到，如果他们确实遇到了很大的困难，爸爸妈妈也不应该一味向他们施加压力，强迫他们必须迎难而上，而是应该帮助他们一起分析问题，并找到解决问题的办法。比如孩子的学习成绩较差，爸爸妈妈就应该帮助他们改变不良的学习习惯和效率低下的学习方法，而不应该依靠打骂、唠叨的手段逼迫他们做大量练习题，这样反而容易诱发孩子的厌学情绪。

4

随时巩固孩子的自信心。当孩子因为不断进步而逐渐摆脱自卑，树立起自信心的时候，爸爸妈妈千万不要有"大功告成"的心理。要知道，为孩子巩固自信心是一个需要长期坚持的过程，特别是对于容易因挫折而灰心丧气的孩子，就更应当时时关注、经常鼓励，多给他们创造一些能够获得成就感的体验，比如可以给他们安排一些难度适宜的"任务"，在他们完成后给予表扬，等等，这样才能为孩子提供持久的良性推力，让他们变得更加自信、更加优秀。

第六章
Chapter 6

小鬼也有发言权

- 孩子，我们谈谈世界和平的问题
- 你来，我们商量商量
- 氛围对了，聊天才更轻松
- 你说话真好听
- 等你说完，我再说
- 你来猜猜故事的结局
- 你觉得我的话对再照着做
- 投其所好总好过对牛弹琴
- 小纸条也有大作用
- 来一场"家庭辩论赛"

孩子，我们谈谈世界和平的问题

爸爸妈妈和孩子朝夕相对，是孩子最为亲近的人，本应对孩子的所思所想有比较深入的了解。但现实生活中，有的爸爸妈妈常常会从主观的角度出发，认为孩子的见识、思想都非常"简单"，所以往往不太会花费时间和精力去与孩子沟通，导致对孩子的思想认识缺乏足够的了解。

事实上，孩子的思维可能远比爸爸妈妈想象的要复杂，他们思考问题的角度也很独特，如果爸爸妈妈愿意花心思去沟通和了解，就常常会收获很大的惊喜。

② 儿子，关于世界大战，你有什么想法？

我对战争当中使用的武器特别感兴趣！

你对武器的研究很深入！但要记住，武器能够干什么，完全在于人们如何使用它！

半个小时过去了……

① 你们的历史课讲到哪里了？

嗯！我也发现了，有人用它伸张正义，有人用它为非作歹。

③

没看出来，你还挺有想法。

那当然了！

④ 快要讲第二次世界大战了吧。

1

试着与孩子探讨一些有意义的问题。爸爸妈妈不要过于低估孩子的接受能力，可以先充分了解一下孩子目前掌握的知识体系，然后跟他们探讨一些符合他们认知水平的问题。比如本节漫画中的爸爸因为了解到孩子在历史课中学到了"二战"的相关知识，就由此与孩子讨论"世界和平"的问题。这种话题看上去似乎有些深奥，但实际上孩子通过学习对这方面的知识是有所了解的，也能够提出自己的一些见解，这样的沟通就能够顺利地进行下去，而爸爸妈妈也能通过沟通更好地掌握孩子的学习情况和思想动向。

2

不用总是遵循看似标准的答案。在与孩子沟通的过程中，爸爸妈妈应当尊重他们的想法和见解，哪怕他们的想法听上去有些幼稚、好笑，甚至可能还是离经叛道的，与所谓的标准答案大相径庭，爸爸妈妈也不应讥笑、责备他们或强求他们必须遵循标准答案。应当鼓励孩子进行发散式的思考，使他们能够始终保持强烈的好奇心和活跃的想象力。比如一个孩子在回答"雪融化后会变成什么"的问题时，给出了一个富有创意的答案"春天"，虽然并不符合标准答案"水"，但爸爸妈妈却应当对他奇妙的想象力给予充分的赞许。

3

认真对待孩子提出的问题。爸爸妈妈在与孩子沟通的过程中，可能常常会遇到被孩子提问的情况，有些问题可能在大人看来不值一提，但却能代表孩子灵感火花的一次闪现。所以爸爸妈妈对于孩子的每一个问题都应当给予重视，不能随意敷衍甚至信口雌黄，否则就无法启发孩子的思维，甚至还会对孩子造成误导。因此，爸爸妈妈一定要认真对待孩子的问题，如果自己有不清楚的地方，可以坦然地承认"这个问题爸爸/妈妈也不是很清楚"，然后和孩子一起

通过查找资料，获得圆满的答案。这样既达到了沟通的目的，也能教会孩子认真的学习态度。

▶ 你来，我们商量商量

随着年龄增长，他们会从不谙世事的孩童成长为拥有强烈个人意识、独立的爱好和广泛的兴趣的个体，爸爸妈妈在对他们进行教育时要充分考虑他们的个性特点，多与他们进行有效的沟通，而不能一味强压。

　　商量是一种很好的沟通方式。在爸爸妈妈希望孩子能够做某事之前，如果不征询他们的意见就擅自为他们做主，常常会让他们感到非常不安，甚至会有受到伤害的感觉。但如果爸爸妈妈用商量的方式与孩子交换意见，孩子就会有被尊重、被信任的感觉，这会让他们愿意敞开心扉，有助于形成良性的沟通。不仅如此，爸爸妈妈愿意和孩子商量，还会让孩子学会换位思考，会让他们能够更加理解爸爸妈妈的苦心，并愿意接受爸爸妈妈的意见。这样的教育方式能够收获打骂、唠叨所不能达到的教育效果。

　　因此，爸爸妈妈在与孩子相处的过程中，有必要学会与孩子商量后再做决定的沟通办法。

1

　　少对孩子下命令，多些商量。随着孩子的成长，难免会出现一些让爸爸妈妈并不赞同的思想行为和兴趣爱好，这时候，爸爸妈妈不应该简单粗暴地进行制止，一味说"不"，而是应当在尊重孩子的前提下，和孩子进行商量式的谈话，以促进相互理解，让孩子知道爸爸妈妈的担忧和顾虑是什么，也让爸爸妈妈能够明白孩子的所思所想，从而在商量当中有可能达成共识，找到最好的解决问题的方法。

2

　　和孩子有关的事情，父母不要自作主张。有的爸爸妈妈认为遇事和孩子商量是一种软弱无能的表现，会失去在孩子面前的权威性和应有的地位。可事实上，愿意与孩子商量的爸爸妈妈反而会赢得更多的尊重，因为商量能够让孩子发现自己的重要性，他们会感受到爸爸妈妈是在用平等的态度与他们相处，这会让他们感觉非常放松、自由。因此，爸爸妈妈要学会适当放下架子，尤其是和孩子密切相关的事情，更要注意听一听孩子的想法。这样在家庭内部也能够形成民主、和谐的氛围，使孩子能够获得有益的熏陶，在他们将来走向社会后，也会知道如何和他人进行协商沟通，有助于帮助他们形成良好的人际关系。

3

发生亲子冲突时通过商量来解决问题。亲子冲突是长久以来积攒的亲子矛盾没有根本解决而酝酿、发酵后导致的集中爆发。通常在这种时候，看重家长尊严的爸爸妈妈会试图用权威来压制孩子的"挑战"，但爸爸妈妈却忽略了一点，那就是孩子也是独立的个体，本能地会排斥被压制，由此就可能造成严重的逆反心理。为了避免矛盾进一步激化，爸爸妈妈更应当与孩子多多商量，使双方都能冷静下来，找到一个合理的解决问题的办法。

▶ 氛围对了，聊天才更轻松

有的爸爸妈妈会因为难以与孩子沟通而感到苦恼，有时刚刚开口孩子就会觉得烦、听不进去，有时询问孩子很多问题，他们却不怎么愿意袒露心声。之所以会遇到这些问题，还是因为爸爸妈妈没有掌握沟通的方法，不会巧妙创造沟通的氛围，因而会与孩子聊不下去或无话可说。

想要解决这些问题，爸爸妈妈就要掌握以下这些技巧：

1

寻找最佳时机与孩子聊天。爸爸妈妈想要与孩子沟通，了解孩子的想法，首先应当注意挑选合适的时间、地点。比如孩子正在集中注意力学习，爸爸妈妈就不打扰；又如孩子刚刚放学回家，感到非常疲惫，想要休息一会儿的时候，也不算是聊天的好时机。所以爸爸妈妈最好挑选孩子身心比较放松的时间与他们"搭话"，像晚饭后休息的一段时间，晚上洗漱完毕准备上床睡觉的一段时间都比较适合"聊天"。这时爸爸妈妈可以与孩子进行氛围轻松的对话，孩子一般也会乐于配合。

2

把"汇报式"沟通变成"朋友式"闲谈。有的爸爸妈妈不太会寻找话题，往往一开口就是"你作业写完了没？""这次考试得了几分？""老师有没有批评你？"之类的"盘问"，在这种情况下与孩子对话，氛围肯定是非常死板和僵硬的，孩子只能按部就班地回答爸爸妈妈的问题，聊天也就变成了无趣的学习汇报。为此，爸爸妈妈应当改变一下自己的聊天习惯，最好能提前想好有意思的话题，同时不能以居高临下的态度和孩子聊天，要尽量采用朋友般的语气和口吻，让孩子产生亲切感，聊天氛围才会更加轻松。

3

不要让聊天的目的过早显露出来。爸爸妈妈与孩子聊天的最终目的当然是希望能够促进孩子的进步和发展，不过这样的目的最好不要过早和过于直接地显露出来，否则会让聊天多了很多说教的意味，也会让孩子反感。比如有的爸爸妈妈总是聊不了几句话就将话题转移到"你要好好学习""你要努力"这些带有较强目的的"老生常谈"上，让孩子感觉十分乏味，也就越来越不喜欢与爸爸妈妈聊天了。

4

用具体化的提问，打开孩子的"话匣子"。有时爸爸妈妈与孩子的聊天无法顺利进行下去，还可能是因为问题提得过于笼统、抽象，让孩子感觉很是茫然，也就无法做出详细的回答。所以爸爸妈妈在聊天时要斟酌语句，可以从细节出发，问孩子一些具体化的问题，这样孩子很容易找到答案，爸爸妈妈也能够更方便地了解到情况。就像在本节漫画中，妈妈没有问孩子"最近学习情况怎么样"这样的抽象问题，而是代之以更加具体和有意思的问题——"最近的课程好玩吗"，从而顺利引发了孩子倾诉的欲望，也使得聊天氛围更加轻松有趣。

▶ 你说话真好听

在爸爸妈妈与孩子沟通的时候，可能常常会遇到孩子不肯主动说话，不爱表达自己的想法的情况。这样的孩子一般性格比较内向，平时也少言寡语，语言表达能力较差。爸爸妈妈应当及时采取措施进行引导，但要避免通过打骂等粗暴的手段去强迫孩子说话，否则孩子情绪受到影响后，不爱说话的情况会更加严重。

爸爸妈妈可以通过更加温和的方式鼓励孩子大胆地开口。

1

给孩子表现自己的机会。每个人都有表现自己的需求，可是爸爸妈妈往往会因为工作、生活忙碌，忽略了孩子的这种需求，没有给孩子足够的时间和机会让他们表达自我，让他们感到非常失望。所以爸爸妈妈应当抽出时间，主动与孩子进行沟通，鼓励他们发表意见和看法，听一听他们的心声。另外，如果家中有客人到访或全家外出游玩的时候，爸爸妈妈也不妨鼓励孩子自由地发挥，大胆地在人前表现自己。

2

通过家庭对话强化孩子的表达能力。家庭是孩子锻炼说话能力的最佳场所，与关系最亲近的亲人热情地对话，能够让孩子放下戒备，愿意说出很多自己经历的事情。为此，爸爸妈妈可以多寻找机会与孩子进行这种对话，在对话中注意不要用粗鲁、野蛮、不耐烦的态度对待孩子，而是要从孩子感兴趣的事情入手，让他能够无所顾忌地开口说话。

3

在孩子表达时给予及时的反馈。在孩子愿意开口表达时，爸爸妈妈一定要注意耐心地倾听，同时还要给予孩子一些及时而热烈的反馈，如表扬他们"说得很动听、很生动""说话很有条理"等等，这样可以让孩子感觉很是自豪，促使他们更多的表达自我。另外，如果孩子在言语中透露出了一些烦恼、困惑、痛苦的情绪，爸爸妈妈也要给予相应的反馈，如对他们表示同情、安慰，并和他们一起找到解决问题的办法，等等，这会让孩子更加愿意敞开心扉、畅所欲言。

4

教给孩子一些正确的表达方法。为了提升孩子的表达能力，爸爸妈妈还可以教给孩子一些表达方法，比如用比喻句可以让干巴巴的话语听上去更加生动有趣，所以爸爸妈妈可以让孩子对比"草坪是绿色的"和"大地好像铺了一条绿油油的毯子"这两种表达方法哪一种更加生动，然后试着让孩子进行相关练习。以同样的方式，爸爸妈妈还可以教会孩子对比、夸张、描述、解说等多种表达方式，让他们尽情去体验其中乐趣，从而能够乐于表达、爱上沟通。

等你说完，我再说

爸爸妈妈与孩子沟通，有时候需要可以拿出一些耐心，仔细倾听孩子讲的每一句话，鼓励并引导他们自由地表达情感，这也不失为一种良好的沟通方式。既能够体现爸爸妈妈对孩子的尊重，也能够让孩子向爸爸妈妈敞开心扉。在这个过程中，很多教育问题也能够自然而然地找到答案，亲子关系也会变得更加和谐。

为此，爸爸妈妈可以更多地尝试一下倾听的办法，使沟通的主体从自己慢慢转变为孩子。

1

全神贯注地听孩子"唠叨"。有时候，孩子兴冲冲地打算与爸爸妈妈分享一些见闻，不过由于表达能力有欠缺，往往听上去断断续续、琐琐碎碎，有些爸爸妈妈就会因此缺乏耐心不愿意再听下去，这难免会打击孩子的积极性，让他们不再愿意向爸爸妈妈倾诉。所以，爸爸妈妈要多一些耐心，在他们倾诉的时候，尽量全神贯注地倾听，这对孩子来说不啻为一种无声的鼓励。

2

不要随意打断孩子的倾诉。爸爸妈妈在听孩子讲话时，不要因为急于发表自己的意见而动不动打断孩子，这样不但会打断孩子的思维，影响他们的语言组织能力、理解能力，还会剥夺他们说话的机会，使他们不敢再主动发表言论。所以爸爸妈妈哪怕再心急也应当按捺住情绪，等到孩子倾诉完毕，再根据自己从孩子的话语中收集到的信息，对孩子进行点拨和引导，但一定要注意避免态度强硬的说教。

3

聆听孩子的解释和辩解

在日常生活中，可能会遇到孩子为自己所做的事与爸爸妈妈争辩的情况，这时候爸爸妈妈要注意控制自己的情绪，不能指责孩子，而是从平等的态度出发，给孩子充分的解释和辩解的机会。同样，当孩子与其他小朋友发生了矛盾的时候，爸爸妈妈也不必立刻现身去调解，可以先在旁认真倾听孩子的话语，并仔细观察孩子的行为，看看他们是不是能够凭借自己的能力解决矛盾。事后，爸爸妈妈可以就自己发现的问题对孩子进行提醒，帮助他们认识错误、改正缺点，这样既能够提升孩子的思维能力、表达能力，也能够锻炼他们独立解决问题的能力。

你来猜猜故事的结局

　　讲故事是一种非常有效的沟通方式，孩子们一般都很喜欢听故事，爸爸妈妈在向他们灌输大道理的时候他们往往听不进去，可是给他们讲一个寓意丰富又生动有趣的故事时，他们却能将其中道理深深印在脑海中。爸爸妈妈此时再适当进行点拨，孩子就很容易自己得出正确的结论，教育也能达到爸爸妈妈希望的效果。

　　那么，爸爸妈妈如何通过讲故事与孩子进行有效的沟通呢？

② 宝贝，今天我们来讲一个《零食王国》的故事吧。

好啊好啊，妈妈快讲！

① 不许吃零食！吃了零食都不好好吃饭了！

我就要吃，零食好吃！

那个王国到处都是零食，人们每天醒来就开始吃吃吃，可是那里没有蔬菜，也没有水果，更没有米饭……你来猜猜故事的结局会怎样？

没错，故事的结局就是这样，你说得真好！

妈妈，我也不吃零食了，我要好好吃饭！

③ 不吃水果蔬菜，他们肯定会生病的！

④

1

　　在故事中融入问题，引导孩子参与。爸爸妈妈要注意，用故事来沟通不能停留在单方面的讲述上，而是应当充分发挥孩子的想象力和参与精神，可以由大人讲一段故事，再让孩子根据故事的发展补充情节或讲述结局。在讲完故事后，爸爸妈妈还可以通过提问题来启发孩子的思维、打开孩子的思路，如："你觉得这个故事告诉了我们什么道理""你觉得故事中的人物的行为有什么问题"等等，这样可以鼓励孩子对故事做出自己的评议，也可以培养孩子分析问题和正确判断是非的能力，从而获得普通的教育方式难以达到的效果。

2

　　用故事沟通要考虑不同年龄段孩子的理解能力。用故事沟通要考虑到孩子的年龄特点和理解、接受能力。比如 4 岁以下的孩子，理解能力还比较有限，讲故事要尽量简短、生动，情节可以带有一定的重复性，比如一些绘本故事就很适合用来教育孩子，孩子能够听懂，也能够学到很多有益的道理；对于 4~10 岁以上的孩子，就可以考虑通过情节略复杂一些的故事来沟通，故事中还可以加入正面人物战胜反面人物的情节，有助于孩子培养正确的是非观念；对于 10 岁以上的孩子，沟通时故事可以更加复杂曲折一些，比如可以采用名人故事、历史故事以及身边发生的生动真实的案例故事；等等。这样孩子更容易受到触动，教育效果也会更加明显。

3

　　将一些敏感问题用讲故事的形式来表达。在教育孩子的过程中，爸爸妈妈可能会遇到一些不好处理、不适合明说的问题，比如发现孩子偷偷拿钱，这个问题就属于教育上的敏感问题，稍一不慎就可能伤害到孩子的自尊心，并可能造成难以弥补的严重影响。这时爸爸妈妈就可以尝试利用讲故事的办法来解决。如一位爸爸在发现孩子从自己钱包里拿钱后，给孩子讲了一个"小猫偷吃鱼，因为没人发现所以越偷越多，最后一不小心掉进了大鱼缸"的故事，孩子听懂了爸爸的"弦外之音"，将偷拿的钱还给了爸爸，也赢得了爸爸的谅解，于是一个教育上的敏感问题也得到了圆满的解决。

你觉得我的话对再照着做

有为数不少的爸爸妈妈觉得孩子只有听话、服从，才能做到顺畅沟通，可实际上，太听话、盲目服从真的是一种好事吗？答案是否定的，当孩子习惯了无条件地遵守爸爸妈妈发出的指令的时候，必然会以失去自己的思想为代价。孩子不会自己判断正确和错误，也没有机会做出自己的选择，形成自己内心的标准。他们在精神上是无法独立的，这一点将让他们在走上社会后面临更多的困难和痛苦。

为了避免出现这种情况，爸爸妈妈应当注意与孩子沟通，同时还要教会他们表达自己的见解，遵循自己的内心行事，切勿盲目服从。

1

坚持沟通，拒绝盲从。爸爸妈妈应当改变事事要求孩子听从的教育习惯，如果想让孩子去做某事，不要直截了当地说"你必须这么做"，而是要采用沟通的办法，以共同探讨的方式，多问问"你怎么看""你觉得怎么样"，以充分听取孩子的意见，避免家庭变成"一言堂"。

2

允许孩子通过沟通提出异议。在与孩子沟通的时候，爸爸妈妈要保持开放的心态，允许孩子提出的异议，而不能因此恼羞成怒地对孩子破口大骂或抬手就打。在孩子要坚持自己的主张的时候，应该看一看孩子的想法是否正确，如果确实有道理，爸爸妈妈应当允许他们按照自己的想法去做某事，同时还要对他们不盲从、有主见的行为给予表扬，使他们在鼓励中做到更好。

3

教育孩子不要迷信"权威"。除了将在家中不盲从的观念通过沟通输送给孩子外，爸爸妈妈还要教育孩子不要迷信所谓的权威、专家。爸爸妈妈要鼓励孩子要有自己的思考和判断，并学会对一些问题做出自己的判断，而且要敢于坚持自己认为正确的判断，不能因为迷信权威，就不敢大胆进行尝试和探索。也不能一遇到难于解决的问题，就希望求助于权威人士的模式，以至于丧失了自己的判断力和选择性。

投其所好总好过对牛弹琴

很多爸爸妈妈逐渐认识到和孩子沟通的重要性，但是和孩子沟通起来往往找不到共同话题，不是孩子不爱听、不愿听，好像对牛弹琴，就是还没说上几句，沟通就演变成爸爸妈妈对孩子的单方面数落，最终结果也只会是不欢而散。其实，亲子之间的沟通进行得顺利与否，决定权都掌握在父母手中。

很多教育现象都揭示了相似的道理：当孩子热衷于自己感兴趣的事情时，往往能够做到全身心的投入，并乐在其中。如果爸爸妈妈片面认为他的兴趣无关紧要，或者至少没有学习来得重要，因而强迫孩子放弃他们感兴趣的事情，而去做一些他们不喜欢做的事情，那么孩子即使表面顺从于父母的权威，实则很难按照父母期望的那样发展，还会与父母产生冲突。

和孩子沟通也是同样的道理，如果爸爸妈妈能够准确掌握孩子的兴趣点，从孩子感兴趣的内容说起，双方就会有很多共同的话题。相反，如果爸爸妈妈仍旧按照之前的谈话风格，对孩子的兴趣一无所知，或者将一场谈话转变为无休止的唠叨与指责，孩子就会觉得爸爸妈妈并不理解自己，进而不愿意和爸爸妈妈做深层次的沟通。

那么，爸爸妈妈如何放弃责骂，让沟通直达孩子内心，可以参考以下几种做法：

1

善于发现孩子的兴趣，为沟通创造必要条件。爸爸妈妈只要仔细观察，是不难发现孩子的某些偏好的。从这些偏好出发，就很容易找到和孩子谈话的切入口，亲子沟通就会变得自然而然了。

爸爸妈妈如何发现孩子的兴趣呢？最简单的做法就是少说多看，注意观察孩子的习惯，有时孩子怀着很大的乐趣，愿意主动反复进行的事情就是最能够让他们感兴趣的。另外，爸爸妈妈还要做到少说多听，给孩子开口说话的机会，让孩子能够感觉到和父母谈论自己感兴趣的话题是快乐的。此外，爸爸妈妈还可以多问问孩子喜欢什么，有时从问答当中也能直接得知孩子的兴趣所在。

2

尊重孩子的兴趣，在沟通时投其所好。爸爸妈妈都渴望孩子的智能可以得到最好的发展，殊不知孩子的兴趣正是促使其发展的关键。遗憾的是，有的爸爸妈妈无视孩子的兴趣爱好，常常觉得孩子是"不务正业"，强行剥夺孩子真正的兴趣，这些所作所为往往是破坏孩子智能最大程度、最持久发挥的罪魁祸首，最终将束缚孩子的发展。

因此，当爸爸妈妈发现孩子的兴趣和自己期望的相去甚远，也不要唠叨责骂孩子，只要不是对孩子不利的事情，爸爸妈妈都要尊重孩子的选择，并接受孩子选择的结果。同时还要多和孩子探讨与兴趣相关的事情，投其所好，这样孩子自然不会吝惜和爸爸妈妈交流自己喜欢做的事情，沟通也就能够变得更加顺畅了。

小纸条也有大作用

有位教育学家曾经这样说道："孩子内心不是不愿意接受我们成人的批评，而是他们不愿意接受我们所表现出的批评方式。"的确，当爸爸妈妈发现普通的沟通方式无法让孩子受到触动并愿意改进的时候，不妨另辟蹊径，用一些更加有趣的办法来与孩子交流。

写小纸条就是这样一种特殊的沟通途径。在孩子有了一定的阅读理解能力之后，爸爸妈妈就可以尝试给他们写各种内容不同的小纸条，用文字代替语言来沟通，让孩子在觉得新鲜有趣的同时也能受到教育。而且小纸条上面的内容还可以经常重温，能够给孩子留下深刻的印象，教育效果也远远胜过一次性的说理。

当然，在用小纸条与孩子沟通的时候，爸爸妈妈还要注意以下几点：

内容由浅入深，贴合孩子成长轨迹。小纸条上的内容没有硬性规定，可以是爸爸妈妈对孩子做得不好的地方进行批评教育，也可以是对孩子表现优秀的地方进行表扬、鼓励，还可以就是单纯地向孩子表示关爱之情。在写小纸条的时候，爸爸妈妈应当考虑到孩子的年龄和接受能力，不要总是写什么深奥难懂的大道理，而是应当写下让孩子一看就懂并能受到触动的内容，有时为了生动有趣还可以加上漫画、符号等等，让孩子能够带着愉悦的心情看纸条，并能够从中汲取成长所需的良好建议。

2

语句言简意赅，不要长篇大论。既然是小纸条，就不应当写成长篇累牍，爸爸妈妈可以择取孩子在生活中遇到的问题或者一些小细节，随时随地地写下一两句简单的话语，使得每个纸条每次只针对一个问题，这样孩子就不会在阅读时失去耐心和兴趣，而且也能够明白爸爸妈妈所要传达的意见，并根据这些意见有所改进。

3

把纸条放在孩子容易看到的地方。为了让孩子能够及时发现小纸条，爸爸妈妈可以把它们放在孩子容易接触到的地方，比如把小纸条放进孩子的文具盒、书包里，或者夹在他们喜欢的故事书中，或是贴在冰箱上、镜子上。这样就能把孩子发现纸条的过程变成一份惊喜，让他们能够带着快乐的心情去打开小纸条，而当他们读到爸爸妈妈富有爱心和风趣的话语时，就更愿意接受爸爸妈妈提出的意见和建议了。

4

留下思考的余地，引导孩子回复。同所有的沟通方式一样，"小纸条"沟通也很讲究"有来有往"，不能总是依靠爸爸妈妈单方面的发出纸条，而孩子却从不回复。所以，爸爸妈妈在写小纸条的时候，不妨留下一些小问题、小贴士之类的内容，引导孩子在纸条上留下回复。比如一位妈妈在鞋柜边给孩子留下了一张小纸条，上面写着："鞋子兄弟想说悄悄话，可惜你总把他们丢得东一只西一只，你说该怎么办呢？"孩子看到纸条后觉得很有趣，不光摆正了鞋子，还在纸条上留言回复了妈妈提出的问题："我让他们兄弟俩团聚啦！"像这样的纸条沟通办法，就比单纯的说教轻松有趣得多。

来一场"家庭辩论赛"

你已经长大了，自己的事情要自己做……

现在，有请善良、可爱、美丽的正方辩友——妈妈发言！

① 今天辩论的主题是"孩子该不该洗衣服"。

家庭辩论赛正在进行……

② 现在，有请贪玩、调皮、任性的反方辩友——孩子发言！

洗衣服是女生的事情……我又不是女生……

③

反方辩友，你的论据不够充分啊。我也觉得咱家应该男女平等，个人衣服个人洗，你说怎么样？

好哇，现在都男女平等了，你们还让我给大家洗衣服。从现在开始，我罢工了！

好吧，妈妈赢了，我这就去洗衣服。

④

在与孩子沟通的时候，爸爸妈妈不妨试着引入"辩论"这种有趣的方法，让孩子学会形成自己的观点，并运用所掌握的知识和爸爸妈妈讲道理、辨是非。在这个过程中，孩子的语言水平、认知能力、逻辑思维、心理素质都能够得到一定的提升，爸爸妈妈想要让他们接受的道理也在不知不觉中被他们认可，一些困扰爸爸妈妈的教育难题也能得到很好的解决。

为了让这种家庭辩论赛能够顺利、有效地进行，并赢得孩子参与的积极性，爸爸妈妈应当注意以下几点：

1

教会孩子形成自己的论点。论点，简单来说就是所持的观点、见解、主张等等，代表着辩论者鲜明的态度。对于年龄较小的孩子，如果形成论点还比较困难，爸爸妈妈就可以选一件他们熟悉的事情，问问他们什么是对，什么是错，然后问问他们为什么会这么想。

2

教会孩子准备自己的论据。论据就是辩论中用来佐证自己论点的证据、理由，论据充足对于赢得辩论来说非常重要。爸爸妈妈可以帮助孩子准备论据，比如可以拿出一张纸，让孩子把自己能想到的理由全部列出来，并按照重要程度进行排序，然后孩子在辩论时就可以从最重要的理由着手为自己辩解。

3

教会孩子反击对方的观点。在辩论的过程中，爸爸妈妈还可以引导孩子思考对方观点是否正确，并找到原因，然后由此入手进行反击。为了加强语言的效果，爸爸妈妈还可以教孩子使用一些有气势的手势、眼神，这样可以使平淡的语言变得更有说服力。

4

教会孩子接受辩论的结果。辩论的结果总是有输有赢，如果孩子无法在辩论中说服爸爸妈妈，就要学会心悦诚服地接受结果，而不应当强词夺理，或提出不合理要求。而这也需要爸爸妈妈适当的引导，如把握好辩论的节奏并提

前约定规则，同时还应要求孩子在辩论时也要注意礼貌。也就是说，要在相互尊重、平等的前提下进行辩论，并最终达成爸爸妈妈和孩子双方都能满意的结果，而不能把辩论当成是吵架、对骂，那就会完全丧失教育和沟通的意义了。

第七章
Chapter 7

斗智斗勇，其乐无穷

- 硬碰硬 vs 顺毛捋
- 演技再好你也当不了"影帝"
- 你忘了大明湖畔的容嬷嬷了么
- "示弱"也是一种智慧
- 脾气再大，也逃不出我的温柔攻势
- 不管是为了更好地"管"
- 豆腐嘴，刀子心

硬碰硬 vs 顺毛捋

　　孩子的意识与成年人相比，更加自我，也更在意自己的心理感受，有时难免过于任性。碰到孩子任性的时候，爸爸妈妈虽然不能听之任之，但也不能一味采取打、骂的高压政策，因为高压政策往往只能收到暂时的效果，有时还会激发孩子强烈的抵触心理。

　　为此，爸爸妈妈不妨用些"小花招"，顺着孩子的性子，让孩子主动听话起来。

1

以退为进。在孩子任性不听话的时候，爸爸妈妈可以不要表现出生气的样子，以免与他们"硬碰硬"，让简单的问题越发不可收拾。爸爸妈妈不妨参考漫画中这位妈妈的做法——不直接指出孩子"乱扔东西是不对的"，而是拿出他心爱的玩具"鼓励"他扔。结果孩子因为爱惜自己的玩具，反而会意识到乱扔东西的错误，妈妈"以退为进"的教育也达到了目的。

2

转移注意力。年纪较小的孩子的注意力不太容易集中，爸爸妈妈可以利用这一点，将他们的注意力从当前的事物转移到更加新鲜有趣的事情上。比如爸爸妈妈可以在孩子任性的时候，用有趣的故事或带他们去他们喜欢的某地玩耍来分散他们的注意力，待他们情绪平和之后再想办法对他们进行教育，使他们能够约束自己的任性行为。

3

对号入座。给任性的孩子讲道理不能过于直接、粗暴，可以采用举例子、讲笑话等更加生动、形象的办法，让他们更加愿意理解和接受。比如，在孩子表现得十分任性的时候，爸爸妈妈可以先安抚他们的情绪，然后讲一个身边发生的具体事例，让孩子自己去"对号入座"，发现自己的行为不妥当的地方，这样的教育方法更能够触及他们的心灵，效果也会更加明显。

4

约法三章。为了避免孩子随意表现出任性行为，爸爸妈妈还有必要提前与他们约定好必须遵守的规章制度。这些制度内容应当是比较简单的，并能够贴合孩子的日常生活，孩子遵守起来难度较低。同时爸爸妈妈还要和孩子约定好遵守制度的奖励以及违反的惩罚措施，使孩子能够形成一定的自觉性，任性的行为就会减少很多。比如爸爸妈妈事先和孩子约定好早上应当按时起床，如果孩子能够坚持一周以上时间将获得一定的奖励，如果不能坚持就可能会受到相应惩罚，如减少外出游玩的次数等等。通过这样的"约法三章"，孩子就会按时起床，而不会任性地赖床了。

演技再好你也当不了"影帝"

孩子和爸爸妈妈相处的日常生活当中，很多动作、神态都暗含着他们的小小心思。爸爸妈妈只要仔细留意，细心观察，就可以很好地捕捉到孩子传递的"信号"，从而采取适当的对策进行更加有效的教育，让孩子乐于接受，也不会影响亲子关系的和谐。

那么，爸爸妈妈应当去怎样捕捉那些透露出孩子小心思的信号呢？

1

孩子说话语速暴露了他们的内心世界。孩子说话时速度的快慢，最能反映他们的心理状态。爸爸妈妈可以从孩子说话过程中的语速变化察觉他们的内心状态，再结合他们的性格特质进行判断，就能掌握他们的心理活动了。比如，一向性格活泼、说话流畅的孩子突然放慢了语速，而沉稳内向、说话慢条斯理的孩子突然加快了说话速度，这时爸爸妈妈都应该加以关注，看看孩子是不是遇到了什么问题。像孩子对目前的谈话内容并没有什么兴致，或者对爸爸妈妈的表达心存不满，就可能放慢语速、消极对待。但谈话如果正中了孩子的兴趣点，或是孩子渴望得到爸爸妈妈的表扬时，他们的语速有可能会比平时快很多。爸爸妈妈不妨从这些小细节出发，有针对性地关注和教育孩子，就能收到良好的效果。

2

孩子说话的音调、表情也会"出卖"自己。人在激动的时候，神经会高度紧张，心跳加快，呼吸也会变得急促，甚至还会出现面红耳赤的现象，说话音调也会比平时高很多。孩子也是如此。当孩子企图掩盖做错事情的行径时，就可能会用较高的音调来狡辩，殊不知这样却是一种心虚的表现。一般在这种时候，孩子的表情也会非常紧张，爸爸妈妈可以暂时不拆穿他们，而是参考本节漫画中妈妈的做法，给孩子一个台阶下，让问题更加顺利地解决。

3.

　　孩子说话的节奏会表现出他们是否自信。自信的孩子说起话来通常会滔滔不绝，较少出现断句；孩子缺乏自信的时候，讲话节奏明显不能自主控制，语句之间无法及时衔接，听上去吞吞吐吐的。而当孩子没有想法的时候，通常会用含糊的语气应答，意思模棱两可。因此，爸爸妈妈在和孩子沟通交流时，可以通过关注他们说话的节奏，来判断他们是不是在说谎话或是有所隐瞒，然后随机应变进行调整，教育就更能够"有的放矢"了。

▶ 你忘了大明湖畔的容嬷嬷了么

教育孩子不主张过分惩罚，但是如果好言相劝一直无法起到作用，爸爸妈妈也不妨引入适当的警告、震慑，以及公正且深思熟虑的惩罚措施，这样可以唤起孩子的警惕心理，让他们及时审视自己的行为，并督促他们立刻改正错误。

那么，在什么情况下可以对孩子进行适度的警告和震慑呢？

1

孩子不遵守约定，一味我行我素。爸爸妈妈如果已经就某事与孩子做好了约定，也得到了孩子的认可，但事后孩子不愿意遵守约定。爸爸妈妈多次规劝、反复提醒，孩子仍然我行我素，甚至故意耍赖。这时候爸爸妈妈就可以对其进行警告，让他们意识到再不改正就会遭到一定的惩罚，从而敦促他们约束自己的行为。

2

孩子自我意识过于强烈。孩子平时受到了过多的娇宠，养成了唯我独尊的性格，凡事只会从自我角度出发，不考虑他人的感受，不懂得关心他人，喜欢抢东西、"吃独食"，也不尊敬其他家庭成员。爸爸妈妈在多次提醒后孩子也没有明显改观，这时也可以对其进行适度警告和震慑，使他们从思想上意识到自己的行为是不妥当的。

3

孩子的错误行为可能引起严重后果。如果孩子的一些行为属于原则上的错误，爸爸妈妈千万不能姑息。像孩子喜欢欺负年纪比自己小的同学或偷偷地拿走别人的东西，如不及时管教就会影响孩子的道德品质，日后可能发展为违法行为。另外有的孩子无视安全教育，随意玩弄危险的电源插头、打火机、开水瓶等，更可能危害生命安全，对于这些性质严重的错误行为，爸爸妈妈都应当进行态度严肃的警告和震慑，使孩子能够引起足够的重视。

对于上述这几种情况，爸爸妈妈在进行警告之余，还可以给予适当的惩罚以加强教育效果，而且说到就要做到，不能给孩子留有侥幸心理。不过应当提醒的是，这种惩罚与体罚是有本质性的区别的，体罚是伤害孩子尊严的殴打、跪罚等等，是一种非常错误的教育手段。而惩罚则不诉诸身体，是通过理性的手段让孩子记住后果，并敦促他们对自己的行为负责。为此，爸爸妈妈可以设计一些更好的惩罚方法，如没收孩子的零花钱，暂时禁止他们上网玩游戏，等等，等他们的行为有所改进后，再取消惩罚。这样既能够让孩子心中有所警醒，也不会伤害孩子的自尊心。

"示弱"也是一种智慧

不少爸爸妈妈常常抱怨孩子不好教育，他们依赖性极强，什么事情都不肯自己动手，爸爸妈妈对他们批评、指责甚至打骂，统统不奏效。其实对于这种情况，爸爸妈妈不妨试一试"示弱法"。也就是说，在某些时候可以改变自己在孩子眼中强大、无所不能的固有形象，故意暴露出自己的一些不足之处，让孩子在震惊之余，也会激起他们好胜的心理，进而能够促使他们主动地去承担责任、完成任务，爸爸妈妈就能够轻轻松松地达到教育的目标。

那么，这种"示弱法"具体应该如何操作呢？

1

在生活上不时地向孩子"示弱"。很多爸爸妈妈因为过分疼爱孩子，在生活上对孩子给予了无微不至的关怀，使得孩子几乎是饭来张口、衣来伸手。在生活优裕的同时，也培养出了孩子强烈的依赖性，以至于他们独立生活的能力、动手能力、创造能力都得不到发展。对此，爸爸妈妈应当学会适时"示弱"，给孩子一些锻炼的机会。比如告诉孩子爸爸妈妈感觉不舒服，需要他们自己动手处理家务，并且还要给爸爸妈妈端水送药等等。在这种情况下，孩子也会愿意主动承担责任，他们的表现甚至会让爸爸妈妈感觉非常惊喜。

2

可以主动向孩子请教。一般在孩子眼中，爸爸妈妈总是无所不知的，所以孩子在遇到问题时就喜欢向爸爸妈妈请教，这样固然能够更快得到正确的答案，可也在无形中减少了孩子自己思考的机会。因此，爸爸妈妈不妨掉转这个过程，改为向孩子请教问题。比如，爸爸妈妈可以先了解一下孩子最近在学校学习的知识，然后故意用其中的一个问题去请教孩子，问问他们"这个字怎么读，爸爸突然想不起来了"或者"这道题怎么解答，你可以教教妈妈吗"。在这个时候，孩子会觉得自己俨然成为一名小"老师"，也会为此感到骄傲和自豪，学习的主动性和积极性也会得到提高。

3

放手让孩子自己解决问题。爸爸妈妈还可以放手让孩子解决一些他们能力之内的问题，比如他们和同学、朋友发生了矛盾，或是在学校受了委屈等等。虽然爸爸妈妈帮忙能够更加快速、圆满地解决问题，但与此同时，孩子也失去了很多分析、处理问题的机会，也不利于他们培养良好的人际关系。因此爸爸妈妈可以适当"示弱"，告诉孩子这个问题爸爸妈妈也感觉很棘手，所以最好还是由他们自己来解决。通过这样的锻炼之后，孩子在处理这些问题时就会变得更加成熟和有技巧了。

需要提醒的是，"示弱"不应过度，否则就会成为孩子眼中的软弱，他们会觉得爸爸妈妈什么都不会做，因而会失去对爸爸妈妈应有的尊重，以后也会听不进去爸爸妈妈的教诲。所以爸爸妈妈一定要把握好"示弱"的次数和频率，避免对孩子造成这种不良影响。

 # 脾气再大，也逃不出我的温柔攻势

父母和孩子可谓是最为亲密的人际关系，可是，双方同时也都是独立的个体，即使朝夕相处，也很难做到对彼此完全了解。爸爸妈妈的好意，孩子不一定完全能够领会，而孩子的某些言行，爸爸妈妈可能也无法理解，亲子矛盾时有发生。在这种时候，爸爸妈妈不妨采用"攻心术"，通过打动孩子的情感来征服他们的内心，从而达到消除亲子矛盾，促进亲子沟通的目的。

1

不要和孩子斤斤计较。即使孩子做错了事情，对爸爸妈妈态度欠佳，也不要和孩子斤斤计较，反而要主动关心孩子的情绪，关心孩子的心理状况。因为在孩子的意识当中，家庭是一个相对安全的包容性高的环境，有些时候，当孩子在外面受到了压力或者委屈无处发泄，就会选择在家中宣泄。而在压力之下，孩子可能早就忘了应该怎么好好说话。这时候爸爸妈妈应该关注的是什么事情引发孩子的过分表现，所以爸爸妈妈可以用"情感攻势"去打动孩子的心灵，解开困扰他们的问题，然后共同想办法解决，而不应当和孩子进行激烈的争吵。

2

通过"共情"来安抚孩子。当孩子发脾气、情绪非常恶劣时，爸爸妈妈不要一味批评指责，而是要顺着孩子的情绪予以安抚。这就要求爸爸妈妈能够做到感同身受，也就是心理咨询当中经常提到的一个词语——"共情"。事实上，没有人比爸爸妈妈更加了解自己的孩子，所以只要爸爸妈妈愿意站在孩子的立场上，去理解孩子的不良反应和感受，就能够明白孩子的症结所在，也就可以指出他们身上存在的问题，帮助他们走出不良的心理状态。

3

在情感感化的同时，对孩子进行道理教育

纯粹的说教很容易让孩子反感，为此，爸爸妈妈可以采用入情入理的办法，先用"情感攻势"让孩子愿意卸下心防，再挑选合适的时机，对孩子进行的教育。"道不说不明，理不辩不清"，一些思想意识形态的东西，确实需要和孩子进行交流对话，所以爸爸妈妈可以选择在孩子被情感打动后，心情不错的时候去讲道理，就更容易取得良好的效果。

不管是为了更好地"管"

面对孩子不够优秀的表现，爸爸妈妈总是会觉得焦急万分，并会绞尽脑汁想出各种各样的办法对孩子严加管教。可是爸爸妈妈却忽略了一点，过多的管束会变成"监视"和"控制"，会让孩子感觉窒息，还会扼杀他们的积极性和主动性，对他们的成长十分不利。

事实上，教育可以有很多种方法，"不管"也是其中的一种。它不是要爸爸妈妈对孩子彻底放纵、听之任之、不闻不问，而是要解开孩子身上的各种让他们感觉痛苦的束缚，想办法激发孩子的自觉性、主动性，使他们能够自由自在地成长为更加优秀的人才。

具体来看，"不管"的教育法其要点包括以下几点：

1

从语言上做到"不管"。喜欢管束孩子的爸爸妈妈要么经常唠叨孩子，要他们这样做那样做；要么数落孩子的缺点，让孩子长时间处于低落状态；要么不停地催促逼迫孩子，容易激发孩子的逆反心理。凡此种种错误的教育方法都应当立即停止，也就是说要减少从语言上对孩子施加压力，使孩子能够赢得喘息的机会。

2

从行为上做到"不管"。有的爸爸妈妈对孩子管得太精、太细，几乎达到了事事包办的地步，没完没了地为孩子操心，一天到晚陪着孩子生活、学习，这样培养出的孩子自主能力极差，遇事只会依赖他人。为此，爸爸妈妈应当学会放手，给孩子自由行动的空间，让他们自己去处理生活、学习中的很多事情，而爸爸妈妈可以扮演"教练员"的角色，教给他们科学的方法后，就由他们自己去锻炼和体验。

3

注意教育的"有所为有所不为"。在教育的问题上，爸爸妈妈应该清楚"有所为有所不为"的原则，也就是说不要事无巨细，什么都管，但也不能放任自流，无所作为。事实上，爸爸妈妈应当将关注的重心从孩子生活、学习上的一些无关紧要的细节转移到更重要的事情上，比如如何与孩子建立更加良好的亲子关系，如何培养孩子的良好习惯，如何引导孩子学会学习，等等。爸爸妈妈如果能够处理好这些问题，才能够为孩子提供正确的、符合他们成长规律的家庭教育，让他们能够无忧无虑地自由成长。

豆腐嘴，刀子心

② 不行，我就喜欢这两个。

这是买给弟弟的，你昨天说过只喜欢那两个玩具，说话要算话。

① 你有两个玩具，可以不可以先分给弟弟一个呢？一会儿我买一个更好的还给你。

哥哥，给我玩一下吧。

不行不行，这是我的宝贝。

第二天……

这是给我的吧，谢谢爸爸。

原则问题不能含糊，你要为自己的决定负责。

③

④

在孩子固执执拗、不听话的时候，爸爸妈妈会为如何教育他们而感到十分烦恼。有的爸爸妈妈喜欢"刀子嘴、豆腐心"。也就是嘴上对孩子严加斥责，甚至毫不顾及孩子的自尊，等到孩子开始哭闹的时候，爸爸妈妈又会对他们心软，结果根本无法达到教育的目的。还有的爸爸妈妈喜欢"豆腐嘴、豆腐心"，也就是在孩子面前表现得过于绵软无力，毫无家长的威信，如此教育孩子，结果可想而知。

由此可见，在教育孩子的问题上，这两种态度都不正确。为了让孩子能够有所警醒，并受到教益，爸爸妈妈应该学会"豆腐嘴、刀子心"的教育方式——在孩子无理取闹的时候，爸爸妈妈尽量控制自己的情绪，以和蔼的态度、理性的措辞去说服和教育孩子。如果孩子依然故我，甚至用哭闹等办法来对抗，爸爸妈妈也要坚持原则，不能轻易对孩子妥协。

1

要准确把握底线。爸爸妈妈首先要准确把握自己的底线，明确什么是孩子可以做的，什么是不可以做的。这样在与孩子斗智斗勇的过程中，就不会因为担心孩子的情绪而丧失原则，结果被孩子"战胜"。不过，爸爸妈妈在守稳底线的时候，一定要注意技巧，不要因为过于急躁而乱了方寸。总之"豆腐嘴、刀子心"就是"态度要和蔼，行为要坚决"。

2

态度要始终如一，前后一致。对于孩子的一些错误表现或无理要求，爸爸妈妈要坚持态度的一致性，也就是说不能在自己心情好的时候就答应孩子的要求，心情不好就一口拒绝孩子的要求，这样只会给孩子造成错误的示范。另外，对于同一个问题，所有家庭成员的态度也应当保持一致，不能出现爸爸妈妈拒绝的事情，却能在爷爷奶奶、外公外婆那里得到满足，那么爸爸妈妈的一番苦心就会白费，孩子也会养成遇事找"靠山"的不良习惯。

3

让孩子学会为自己的决定负责。爸爸妈妈应当让孩子学会为自己的决定负责，而这种良好素质的养成往往就是从一些小事中做起的。有些事情虽然看似简单，但爸爸妈妈能够做到坚守底线、坚持原则，不会轻易动摇，孩子便也就能够受到触动，并会从思想上认真反省自己的行为，这样"豆腐嘴、刀子心"的教育也就能够获得理想的效果了。